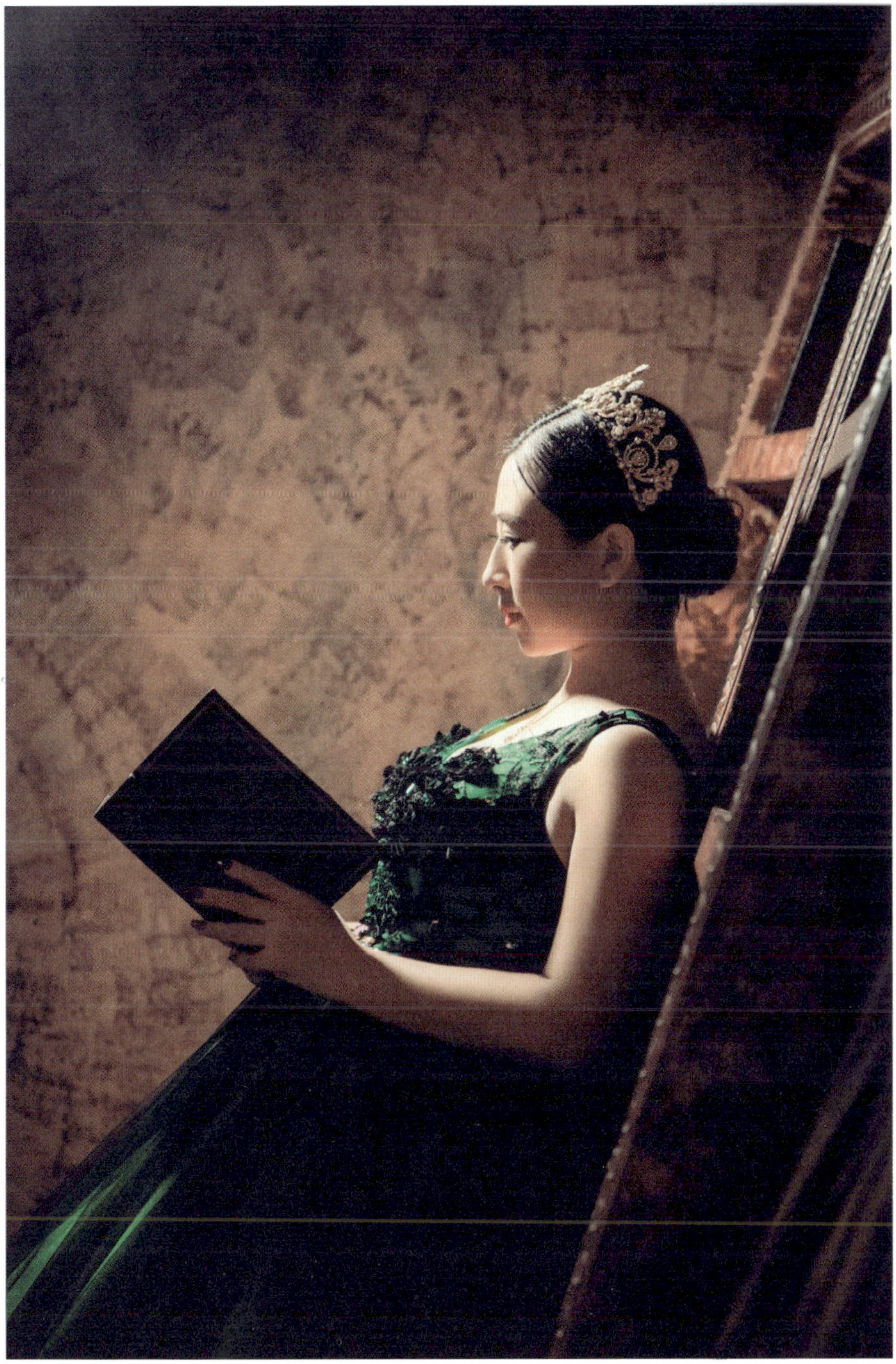

好故事
胜过千万营销高手

伍英 著

中国商业出版社

图书在版编目（CIP）数据

好故事胜过千万营销高手 / 伍英著.——北京：中国商业出版社，2016.10

ISBN 978-7-5044-9573-0

Ⅰ.①好… Ⅱ.①伍… Ⅲ.①市场营销学 Ⅳ.①F713.50

中国版本图书馆CIP数据核字（2016）第277329号

责任编辑 常 松

中国商业出版社出版发行

010-63180647　www.c-cbook.com

（100053　北京广安门内报国寺1号）

新华书店经销

三河市兴达印务有限公司

*

710×1000毫米　16开　17印张　200千字

2017年7月第1版　2017年7月第1次印刷

定价：78.00元

* * * *

（如有印装质量问题可更换）

序言：讲好故事将您推向巨人之路

没有宣传就没有市场，所以我们的生活充斥着各种各样的直逼眼球的广告。当人们对"无处不在"的宣传感到审美疲劳的时候，谁把握住了新的宣传触点，与消费者来一场"走心之交"，谁就赢了！

在信息快餐化的时代，人们对推销有着天生的防备和免疫：你就是来逼我掏钱的！我才不上当！于是，某些不高明的宣传直接被消费者pass。

高明的宣传赢在"无形"——就是"我在宣传，而你毫不知情，并不知不觉地接受了我的产品、我的理念"。如今，什么宣传方式才具有如此神奇的功效呢？

故事营销可以做到，因为它抓住了人们的需求点、兴趣点！

从小我们就是"故事迷"，每当听到有长辈讲故事的时候，都会自觉地凑上去；对一些会讲各种趣闻、故事的同龄人也会多出一些崇拜和好感。白娘子爱上许仙、七仙女恋上董永的美丽爱情故事，孙悟空西天取经一路打妖怪的故事，甚至是各种让人毛骨悚然的鬼故事……只要是故事，都能成功激起我们的兴趣，让我们为之痴、为之狂。孔子曰："食色，性也。"其实，还可以在"食色"后面再加上"听故事"。爱听故事也是人的天性。

把握住了人的天性，"对症下药"，给人们需要的"药"，自然能让其放松戒备，心甘情愿"到碗里来"。

所以，已经有不少聪明人敏锐地抓住了这一点。"网红"精于用奇特的故事包装自己，吸引眼球；有见识的商家也纷纷把故事的元素融入

在广告片里；越来越多的企业家更开始写起了传记，将个人的成长故事、创业故事讲述给大家听……

其实，他们是在做故事营销，以讲故事的方式，潜移默化、悄无声息地实现宣传和营销。

事实证明，故事营销能够打造出国民追捧的网红，如"伟大的安妮"；故事营销能够打造出了不起的商业帝国，如蒙牛集团；故事营销能为故事的主角赢来无尽的掌声和光环，让他穿越时空，鲜活地留在一代又一代读者的记忆里……

辰麦通太图书有限公司的王烨、伍英既是企业家，也是文化人。作为企业家，他们具有超前、卓越的市场意识，充分认识到了故事对企业、企业家的特殊商业价值；作为文化人，他们懂得如何利用自己的文化资源，为企业提供专业的故事营销服务。于是，"巨人之路"大型文化项目诞生了。

这是一个专为广大企业、企业家采写故事的项目，它有着专业的撰稿团队，有着最强大的宣传出版渠道，它能够为每一位客户提供优质而满意的服务。它的目标就是，让"巨人"的身上散发出更大的光芒，把"准巨人"推送到"真巨人"的道路上。

看完这本书，你会发现，成为"巨人"原来真的很简单！

目 录

001 第一章 "会说"是占领市场的"软实力"

第一节："芳名远扬",酒香不怕巷子深 002
第二节：多姿多彩的宣传花样 005
第三节：别让人看穿你的目的 013
第四节：时代召唤"看不见的宣传"——"喧宾夺主"也无妨 016

025 第二章 会讲故事很重要

第一节：讲故事比说理管用 026
第二节：无故事,不传播 030
第三节：故事中的"战斗机"——四大名著何以影响深远 035
第四节：小故事造出大品牌 045
第五节：大品牌都在卖故事 049
第六节：要卖出东西,先讲个好故事 056

063 第三章 这些"牛人"都在讲故事

第一节：故事打造的那些"网红" 064
第二节：会讲故事的企业家才是赢家 069
第三节：人们记住了这些会讲故事的人 072
第四节：他们的故事都在书里 078

085　第四章　讲故事的文化价值

第一节：想"不朽"，先立言 086
第二节：做个"有故事"的人 093
第三节：为未来铺路，给新人指路 097
第四节：故事里的企业文化催人向上 102
第五节：千古留芳世代传 108

113　第五章　讲故事的经济价值

第一节：不做"包子"做"披萨" 114
第二节：品牌故事的八个维度 116
第三节：企业家是企业的"招牌" 126
第四节：说出企业故事"混脸熟" 132
第五节：注意力带来购买力 138
第六节：图书的宣传优势 142

147　第六章　会讲故事的"巨人之路"诞生了

第一节：赤手空拳打下的出版王国 148
第二节："巨人之路"的美丽传说 152
第三节："巨人之路"路在何方 154
第四节：以讲故事为宗旨的品牌项目 159
第五节：为企业私人订制专属故事的良心项目 163

169　第七章　"五颗心"挑起的责任担当

第一节：仁心：正能量的传播者 170
第二节：放心：强大的"娘家靠山"保驾护航 173

第三节：省心：强大的撰稿团队 176
第四节：舒心：阳光的企业文化 184
第五节：用心："巨人之路"的宣传担当 192

197 第八章 用"巨人"的成功法则推出更多"巨人"

第一节："巨人之路"给企业家的坚定承诺：只要你想要，我都能给 198
第二节：为企业"镀金"是我们的职责 201
第三节："巨人之路"制造的传奇 206
第四节：目标企业家自述："巨人之路"解救我于绝望 214
第五节：企业家冯军寄语：我为什么选择"巨人之路" 219

223 第九章 "智囊团"的美好未来

第一节：撰稿人是"巨人之路"的"智囊团" 224
第二节："巨人之路"能为"智囊团"做嫁衣裳 230
第三节：家一般的温暖 235
第四节：撰稿人心得：被"巨人之路"逼出来的成长 238
第五节：撰稿人寄语："巨人之路"让我相信了文字的力量 241

245 第十章 如何写出好故事

第一节：处理好与企业家的关系 246
第二节：灵活多变的采访方式 251
第三节："活"得下来的撰稿语言 255
第四节：在时间方面做个德国人 258

巨人之路

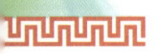

好故事胜过千万营销高手

第一章
"会说"是占领市场的"软实力"

第一节:"芳名远扬",酒香不怕巷子深

有句老话叫作"真金不怕红炉火,酒香不怕巷子深"。这话的后半句,还有个特别经典的典故。

据说在明清时代,在泸州南城营沟头,有着一条很深很长的酒巷。酒巷附近有 8 家手工作坊,能产出泸州最好的酒。其中,酒巷尽头的那家作坊因为其窖池建造得最早,所以,在 8 家手工酿酒作坊中最为有名。人们为了能喝上好酒,都要到巷子最里面那一家去买。传说在清同治十二年(公元 1873 年)的时候,中国洋务运动的代表张之洞出任四川学政,他沿途饮酒作诗来到了泸州,刚上船,就闻到一股扑鼻的酒香。他顿觉心旷神怡,就让仆人给他打酒来。谁知仆人一去就是一个上午,日

到中午，张之洞等得又饥又渴，才看见仆人慌慌张张抬着一坛酒一阵小跑而回。正在生气之间，仆人打开酒坛，顿时酒香沁人心脾，张之洞连说好酒，好酒！于是猛饮一口，顿觉甘甜清爽，于是气也消了，问道："你是从哪里打来的酒？"仆人连忙回答："小人听说营沟头温永盛作坊里的酒最好，所以，小人就拐了几个弯，穿过长长的酒巷到了最后一家温永盛作坊里买酒"。张之洞点头微笑道："真是酒香不怕巷子深啊！"

"酒香不怕巷子深"由此而来。但现在这句话还管用吗？是否酒香了顾客自会来？想想这个故事，酒香为啥不怕巷子深？因为有人口口相传啊！张之洞的仆人怎么去买了这家的酒的？因为"小人听说营沟头温永盛作坊里的酒最好"，所以才会"小人就拐了几个弯，穿过长长的酒巷到了最后一家温永盛作坊里买酒"。试想，若是没有人在传那家的酒好，这家地理位置处于劣势的作坊能被认识、能吸引来顾客吗？

自然很难。所以，"有人传"是个重点。把酒喻作人才，即使是"千里马"，也需要潜意识里自我包装、自我推销，才能赢得伯乐的赏识。何况是产品呢？

我们不能消极地等待一个偶然的过客来发现我们的酒香，然后是漫长的口口相传的过程。我们要主动出击，主动把产品送到顾客的手里，把酒香送到顾客的嗅程里，这就是——宣传。

人才要被重用，就要懂得宣传自己，推销自己；企业要被熟知，就要在不同的场合不断出现，不断被人记起；企业产品要做成品牌，更要不断提高知名度。宣传，是给营销插上翅膀的重要存在！

"三流企业做产品，二流企业做品牌，一流企业做文化"。企业仅有优质的产品和服务是不够的，只有配以良好的宣传，才能形成自己的品牌并使之丰满起来，从而使企业在波诡云谲的商海中永立潮头。产品准备或者已经进入市场以后，需要向顾客和中间商提供产品信息，以提高产品的知名度，激发顾客的购买欲望，调动中间商的积极性。对顾客来说，在获得了某产品的相关信息以后，会对该产品产生注意。对中间商来说，为了采购销售对路的商品，也需要企业提供相关的产品信息。因此，宣传在传递产品信息的过程中有着很重要的作用。

比如，早在20世纪90年代初，中国有很多的家庭已经有吃零食品的习惯了，但是很多生产零食的企业却没有意识到利用宣传来提高品牌知名度的重要性，而"喜之郎"、"达利"却很有先见之明，它们快速地选择了大力宣传自己产品的促销方式。现在他们已经成为国内小食品市场上的强者，很多人都是冲着这个品牌去消费的。

蒙牛集团在宣传上也很舍得"下血本"，每年都要拿出年收入的1/5做宣传。创业初期，蒙牛为迅速打开呼和浩特市的乳业市场，投入了三百多万元的资金，利用传播媒体在全市进行广告宣传，蒙牛一时成为呼和浩特市家喻户晓的品牌，这为蒙牛以后成为国内名牌打下了基础。在1999年，蒙牛投入了35万元在央视六套进行广告宣传，且用330万元竞得春节联欢晚会8：00报时的10秒广告权。这对当时的蒙牛来说，投入是巨大的，但宣传效果的强势冲击，一时间让全国人民都认识了来自内蒙古自治区草原上的一头"牛"。2003年年初，蒙牛成为中国航天首家合作伙伴，在中国"神舟五号"载人飞行胜利结束的时候，蒙牛与"神五"的相关广告在电视、广播、报纸、互联网等相关媒体全面宣传。蒙牛也抓住了这一时机，作为中国航天员专用奶开始在全国各地纷纷上市。2005年2月24日，湖南卫视与国内乳业巨头蒙牛乳业集团，在长沙联合宣布共同打造"2005快乐中国蒙牛酸酸乳超级女声"年度赛事活动。随后，"超级女声"迅速席卷全国，蒙牛酸酸乳的销售也一路走红。超级女声从海选到决赛，连续6个月每个周末的直播，难以计算的重播，使蒙牛声名鹊起，主推的酸酸乳更是热销，其销售额同比增长了2.7倍，20%的销售终端甚至出现了供不应求的现象。而赞助费用、电视广告、网络宣传、户外广告、促销推广费用等，所有费用全部包括在内，却只占了销售额的6%，大大低于其他新产品推广中广告支出占销售额10%的比例。

蒙牛集团如此大方地进行产品宣传，主要是其明白：在社会转型发展最快、与时俱进的前提下，所谓"投其所好"，紧紧把握住观众兴趣爱好，进行大幅度的宣传，无疑能给企业带来无限的商机。其中可能带来的利润是不可估量的。

事实证明，蒙牛的营销策略没有错。从理论上来说，宣传可以激发和诱导消费，能够创造出消费者。消费者对某一产品往往是一种潜在需求，这种潜在的需求与现实的购买，有时是矛盾的。宣传对消费者造成视觉、感觉的影响和诱导，这样往往就会勾起消费者的现实购买欲望。另外，宣传的反复渲染、刺激，也会扩大产品的知名度，也会引起一定的信任感，从而导致购买量的增加。比如宣传可以很好地介绍产品知识，让消费者可以全面地了解产品的性能、用途、质量、维修安装等，有效消除消费者由于维修、保养等问题产生的后顾之忧，从而感到放心，进而产生购买欲望。

因此，想要让自己的产品更加畅销，就要做好宣传，让产品"芳名远扬"！之后，自然有人"慕名而来"。

第二节：多姿多彩的宣传花样

没有人喜欢去买一个从没听说过的产品。因此，为获取知名度和影响力，来赢得客户的认同和信任，企业都会采取各种各样的宣传方式，通过宣传展示企业举行的各种活动、企业经营活动的业绩和成果，如决算和财务状况、企业确定的新的经营方针、经营计划，推出的新产品、新服务项目、企业新工厂、新店铺、新设施的状况、企业人事组织制度的变化和高层经营者调动情况、企业的社会公益活动（如募捐、赞助活动）等等。通过宣传，客户了解了企业及其产品，增强了熟悉感，继而带来信任感，并因此选择产品。无疑，宣传很大程度上决定着产品的销量和企业的运营状况。

现在很多企业都已经强烈地意识到了宣传的重要性，并无时无刻不在进行宣传。

从宣传方式来看，现在很多商家都比较关注以下几种宣传方式。

一、电视广告

电视机在 20 多年前对中国家庭还只是可望不可及的梦，而今天，不仅城市早已拥有了大量电视，且广大农村也已经成批拥有了电视。据统计，中国每百户家庭，电视机的拥有量已达 78 台，并且已经出现一个小康之家拥有两部甚至三部电视的情况。因此，很多商家正是看中了电视的覆盖面之广而热衷于此。当然，电视广告与广播媒体一样，电视也是瞬时媒体，受众对电视广告所持的是"爱理不理，可有可无"的态度，要使电视广告成为面对面的销售方式，就要在创意方面加倍努力，以独特的技巧和富有吸引力的手法传达广告讯息。而如今，用讲故事形式来表达商品与受众的关系，使受众产生共鸣，几乎是首选。

二、传统平面广告

通过在各种平面媒体（报纸、杂志、广告牌、宣传单等）发布广告，选取大中城市曝光率最高的地段投放广告牌广告；在杂志中页或者扉页投放广告；在报纸广告位置以报道的形式出现，达到更好的接受度（广告成分间接隐含）；发放活动宣传单，引导体验，此类营销手段成本低，但是有效性也低，因为接受宣传单的人不一定需要宣传单上的内容，而且需要前往参与方可，具有滞后性，不过确实是最直接的宣传推广方式之一。

三、广告交换

广告交换就是网站群（多个网站）上相互交叉、轮流的显示网站群内其他成员网站的广告，访客通过点击或者激活这些广告可以访问到另一个网站。群内的网站成员通过发布自身的广告又同时播放群内其他网站成员的广告来增加自身网站的访问量，是一种最简单、高效、无成本的推广网站的方法。说白了就是合适的、水平差不多的几个厂家，在A厂家产品上出现B厂家产品的广告，在B厂家产品上出现A厂家产品的广告，一般是供求关系链条的上下客户之间的广告交换更加有效。

四、免费体验

网站服务产品上线后免费体验，这样有利于用户更加了解网站的功能，同时设立反馈机制，能更加有效地反映系统的不足和需要改进的地方。这也是留住用户的有效手段，一般游戏使用这一营销方式比较多。当然这种方式也是有风险的，一般有些客户享受惯了免费服务，再到收费的时候难免感到"不值"和"委屈"，从而造成客户流失。

五、有奖活动

通过定时抽奖和线下抽奖，"盖楼"抽奖，回答问题有奖等形式展开。这种方式常常被在概念推广期和业务衰退期的商家采用，所设奖品一般是现金或者产品服务。

六、展会营销

行业展会是行业产品优势对比最直接的方式。一种是参加他人组织的同行业展会，一种是自己组织展会，这是产业链上下游产品之间的交流展会，为产业链上下游企业提供对接机会，以巩固企业用户，亦可两者结合推出。

七、产品推介会

行业产品推介会是产品官方性推广的形式之一，在活动和行业会议、展会等交流机会上以向主办方出资的方式购买推介机会，造成产品优势和强势的印象。

八、ABC 口头营销

A→B→C→……是最直接、最快速、最有效的推广方式，前提是网站系统完善程度好，能吸引住客户。

九、群发推广

通过群发软件或者电信短信、电子新闻等形式发至目标客户，比较有代表性的为短信群发、电子报群发、邮件群发、QQ群发、旺旺群发、论坛群发、博客群发回复等。

十、彩铃营销

通过征集等形式鼓励专职彩铃制作高手等发放幽默、高效的彩铃到彩铃网站，供用户下载。如公司员工集体定制彩铃，达到品牌传播的目的。

十一、业务捆绑

简单的说就是提供A服务的同时，赠送B服务，实则为收取A服务费用的同时已经收取了B服务的费用。也可以以积分形式捆绑。

十二、电话营销

电话营销和推广是偶然兴起的一种营销方式，前提是建立在话费包月的服务上，采用向目标人群提供免费咨询、服务的方式推广公司产品和品牌，也有反其道而行之的方式。

十三、博客推广

博客由一种沟通工具也慢慢成为了一种营销的工具，也是广告最普及的地方之一。博客回复是博客推广的一种形式之一，同时通过博客写手发表有针对性的博客文章，或者名人博客收费循环显示的形式推广给客户。

十四、网络推手

采用网络营销工具或者人群，在热门帖子后面重复跟贴或者创造热门跟贴，达到一定的社会影响力，提高信息覆盖度。

十五、短片（含系列）营销

（1）视频短片：通过拍摄系列诙谐、幽默、群众性的短片，将某一功能或者形象重复出现、关键引导作用等形式吸引观众的注意力，从而造成思维定势和气氛感染。案例：百事可乐系列、耐克系列、康师傅绿茶系列。

（2）动画短片营销：用吉祥物为核心形象，展开系列故事短片，在宣传公司产品的同时打造动画形象，也是产品盈利的另外一种方式。案例：喜洋洋系列。

十六、电影、电视赞助营销

赞助形式有多种，一种是在电影、电视剧剧情中融进公司的产品和服务，另一种是在片头、片尾、鸣谢等部位出现公司产品和服务。后者对热门电视剧的投放比较有效，电影则一般推荐用前者。

十七、内部系统间营销

各公司内部网站及相关功能之间穿插营销，根据具体情况和活动而定。这也是最有效的营销方式之一。

以上各种宣传营销方式都能取得一定的成效，展现了市场宣传的缤纷多样。但是在诸多宣传方式中，哪种最为可取呢？首先，笔者认为，所有的宣传都应建立在不引人反感的基础上。消费者不是笨蛋，并非不知道商家的宣传是为了诱导消费，取得利润。因而总会特别容易在接受宣传的时候备加提高警惕，甚至从内心里让自己对一些不够妥当的宣传产生出抗拒感。如此一来，商家的所有宣传都是白费。所以，最好的宣传方式应该做到：做了宣传而不被客户感知，这就是"隐形宣传"，采用"醉翁之意不在酒"的方式，先用酒来做掩饰，将真正的目的隐藏在"酒"的身后。

列举一下采用过以上几种方式进行宣传营销的事例。

2005年"超女"决赛结束，在落下帷幕的24小时之内，神舟电脑用7位数的代言费签下李宇春。此后，一向以"4999、3999元超低价笔记本"闻名的神舟电脑，进行了高端产品线的扩张，推出了由李宇春代言的"万元笔记本电脑"。

这是一个采用电视广告方式，利用影响力人物（超女李宇春）作形象代言的产品宣传案例。

2005年"五一"假期，一群商务精英聚集敦煌，组成了两个勇敢者队伍，每人携带一部飞利浦手机作为唯一的通信工具和摄影工具，开始了为期六天的"商务精英野外生存挑战赛"。七月，类似的活动又在新疆北部的喀纳斯举行。

通过对目标消费者——商务人士野外生存能力的考验，反映了飞利浦手机超常的待机、耐磨、抗低温的性能，宣传了自身的独特卖点；又赚了公众的"眼球"。

这是一个通过用户体验而进行的宣传。

2015年年初，吴晓波的一篇《去日本买只马桶盖》在网络上如一颗炸弹，让所有不知道这个品类的群众一下子关注到了这个品类。接下来，松下洁乐马桶盖借着这股东风，让自己的品牌迅速出位，甩开同类竞品。首先，吴晓波文章登出来的第二天，他们官方微博微信就迅速跟进了这个热点。接下来，网络上开始有很多大V把这件事与松下马桶盖迅速地放到了一起，铺天盖地的新闻直指松下马桶盖，把松下马桶盖和日本马桶盖迅速连在了一起。吴晓波的文章出来一个礼拜后左右，松下洁乐马桶盖就上了各大新闻的头条，事件发酵了……CCTV和其他电视台报道，日本买的马桶盖是杭州生产的。松下洁乐马桶盖瞬间成了全民目击焦点。

这是一个采用博客推广和网络推手方式，善于利用热点事件，反应迅速的宣传案例。

2015年朋友圈疯传"吴亦凡入伍"H5，其火爆程度惊呆了小伙伴，这个营销给H5游戏带来了极大的转化率，并大大提高了其品牌知名度。H5用吴亦凡做代言正是看中了他的粉丝多，而且大部分是女性粉丝。因为女性在看到这些新奇的信息或事物时，更乐于去传播、去分享（相对于男性来说）。所以在这里的CPM（千人成本）会比较低。当一个事物在同一时间段不断被传播曝光的时候，路人（假设是男）也会不由自主地产生好奇心去关注，而当这个路人正好也是个游戏迷的时候，就会去尝试玩这款游戏。而且最好是女性粉丝也被吸引来玩这款游戏，游戏有女性玩家的时候，自然不愁男性玩家。

这是一个利用偶像带动粉丝关注的宣传案例。

在这些让人眼花缭乱的宣传里，哪些取得的效果最明显呢？最具备借鉴价值呢？这应该是诸多企业最为关心的话题。宣传案例有同有异，"异"只能根据该企业和产品的实际进行选择，但"同"却是一个共性的东西，是"大多数"可以模仿和借鉴的规律。如此，探讨"同"才能真正探索出最具价值的宣传方法。

如果细心观察，我们不难发现，其实任何方式和渠道的宣传都有一个共同的载体——讲故事。神舟电脑的宣传讲的是超女用神州电脑的故事；飞利浦的营销讲的是一群商务精英在野外体验生活的故事；松下洁乐马桶盖讲的是吴晓波买马桶的故事；H5游戏的宣传讲的是吴亦凡这位年轻人疑似参与H5的故事……

他们，为什么要讲故事？

第三节：别让人看穿你的目的

宣传不是盲目进行的。盲目的宣传不但吸引不了客户，还会引起人们的反感。就像现实中很多人都接过营销电话，对方使尽浑身解数介绍自己的产品，想以此打动客户"掏钱"。但实际上，我们都知道，不少客户都是直接挂了电话。从我们作为一个客户的心理来想，我们为什么会挂掉电话？因为我们一下子就知道营销电话本身的目的就是——说服我们买东西。送上门来的营销总不是好东西这种意识在不少人脑中扎根，所以我们在接到电话的那一瞬间就给自己打了"预防针"——一定不要上当，这可能是骗子。于是我们果断挂掉了那通营销电话。

营销宣传就要学会"换位思考"这门艺术。当我们将自己当成客户来进行体验和感受，发现自己并不喜欢某种营销方式时，就要在做宣传营销的时候尽量地避免采取这种方式。

毫无疑问，为了不引起客户的警惕和反感，我们应该先麻痹其意，懂得技巧地隐藏自己的"目的"，而不让自己的目的过早暴露。

在我们的现实生活中，不少人遇到了自己的心仪对象，但是如果直接冒昧表白，在双方没有充分了解和认识的基础上，被拒绝的概率几乎是百分之百的。因此聪明的爱慕者总是先从朋友做起，创造各种机会通过各种方式和心仪对象多接触：为了增加与心仪对象的交往，常常组织各种集体活动，目的当然是为了邀请心仪对象出来而又不显突兀；假装有点什么事情求对方帮忙；在路上制造些"偶遇"、"邂逅"……他们采取千千万万种方法，但绝不是一上来就是"我爱你"的告白。同样的道理，心急吃不了热豆腐，营销也要善用"迂回"战术，要深藏自己的目的，通过一种容易让客户接受的方式，悄无声息地将自己展示给客户，达到最终目的。

公元前354年，魏国军队包围了赵国的都城邯郸，双方一战一守一

年有余，赵魏两国都感到疲累了。这时，齐国应赵国的求救，派田忌为将，孙膑为军师，率兵八万救赵。攻击方向选在哪里好呢？起初，田忌准备直趋邯郸。孙膑却认为，要解开纷乱的丝线，不能用手强拉硬扯，要排解别人打架，不能直接参与去打。派兵解围，要避实就虚，击中要害。

他向田忌建议："此时魏国的精锐部队都集中在邯郸，内部空虚，我们如果带兵直接占据魏国的交通要道，袭击它空虚的地方，向它的国都大梁进军，它必然放下赵国回师自救。"于是齐军趁其疲惫，将魏国的国都围了起来。又在得知魏国撤兵回国解围的路上设下埋伏，大败魏军，成功解除了赵国的邯郸之围。

这个典故为"围魏救赵"，讲的就是"迂回"战术。它的精彩之处在于，以逆向思维的方式，以表面看来舍近求远的方法，绕开问题的表面现象，从事物的本源上去解决问题，从而取得一招致胜的神奇效果。同理，营销宣传的目的很清晰，就是如何成功地把东西推销给客户。明确了目标，具体就看路径了。而成功的道路千千万万，重要的是哪条更容易迎来成功。当过早暴露目标容易招致阻塞时，我们就不必急于求成，而应该学会先隐藏自己的目的。可以一步步来，潜移默化地将自己想要传播的东西灌输给客户，并使客户深受影响而不为其所知。

历史上，楚襄王整日不思进取，只求个人享乐，不理朝政，不断割地赔款，而且听信小人谗言，结果接连被秦国攻城掠地，江山社稷岌岌可危。但软弱的楚襄王并没有奋起反抗，而是当起了鸵鸟，一味隐忍退让，期待秦国人会良心发现，适可而止。他的这种做法，让很多关心国家安危的大臣们十分着急，大臣们纷纷进谏，但楚襄王一个也不理。很多人屡次进谏都没能获得成功，反而遭到楚襄王的反感，说他们多言滋事，危言耸听。

当时，朝中有一位名叫庄辛的大臣，足智多谋，他见国家日渐衰亡，看在眼里，急在心上，又见众人劝说无效，就亲自去找楚襄王。当时楚襄王正在花园赏花，见庄辛到来，知道又是来劝谏的。楚襄王打定主意，无论庄辛说什么，自己都当作耳旁风。所以等庄辛来到他身旁时，他只瞄了庄辛一眼，一言不发。庄辛明白自己若是直接劝说，肯定会与群臣一样无功而返，楚襄王是听不进去的，只有另辟蹊径，才有望成功。正想着如何开口时，恰有一只蜻蜓飞来，庄辛受到了启发，脑海里马上闪过一个念头。他说："大王，您看见那只蜻蜓了吗？"楚襄王应道："看见了又有什么呢？"庄辛继续说："它活得多舒服呀！吃了蚊子，喝了露水，停在树枝上休息，自以为与世无争，世人不会对它怎样，但它哪里知道，树下正有个小孩拿了粘竿等着它呢！顷刻之间，它就会坠于地下，被蚂蚁吃掉。"楚襄王听了，面露凄然之色。庄辛又说："您看到那只黄雀了吧？它跳跃在树枝上，吃野果，喝溪水，自以为与世无争，世人不会对它怎样，但它哪里知道，树下正有个童子，拿着弹弓对准了它啊。"楚襄王听了，开始面存惧色。庄辛又说："这些小东西不说了，再说那鸿鹄吧！它展大翅，渡江海，过大沼，凌清风，追白云，自以为与世无争，世人不会对它怎样，但它哪里知道，下边正有个射手搭弓上箭，已瞄准了它，顷刻之间，它就要坠下地来，成了人间美味呢！"楚襄王听了，惊起了一身鸡皮疙瘩。庄辛又说："禽鸟的事不足论，再说一下蔡灵侯吧。蔡灵侯左手抱姬，右手挽妾，南游高陂，北游巫山，自以为与世无争，别人不会对他怎样，哪知子揽已奉了楚宣王的命令，前去征讨他而夺其地了，顷刻之间，蔡灵侯将死无葬身之地。"楚襄王听了，吓得手脚抖动起来。庄辛又说："蔡灵侯的事远了，咱说眼前吧。大王您左有州侯，右有夏侯，群小包围，日夜欢娱，自以为与别人无争，会得到别人的容忍，哪知秦国的穰侯已得了秦王之令，正率重兵向我国进发呢！"

庄辛的陈述让楚襄王受到了很大的心灵冲击，此时他的脸色一点点变白，浑身发抖。他明白了自己身处丧权辱国的困境，再不崛起，他日只能任人鱼肉。于是嘉奖了庄辛，加封他为阳陵君，认为从他的进谏可以看出他的忠心。自此，楚襄王痛下决心励精图治，与秦人一争高下。

其实，庄辛要说的话，和其他臣子一样，都是要劝楚襄王振作起来，但别人的话楚襄王听不进去，庄辛的话却让楚襄王吓得全身发抖。

为什么呢？只因为庄辛在沟通中拐了一个弯儿，采用了迂回战术。他抓住了两个关键点，一是把国家的生死和楚襄王的生死利害关系连在一起；二是用画面和实例来吓楚襄王，让楚襄王听了这些话就想到具体画面。当他想到其他人如蔡灵侯的真实下场时，自然就会想到自己的下场。最后楚襄王听进了庄辛的谏言，庄辛达到了自己的目的。

20世纪80年代末期，美国孩子玩具宝公司的看家产品——变形金刚已在欧美赚得盆满钵满，开始将目光投向了亚太地区市场。要将一种有别于定型玩具的新式玩具介绍给玩具文化与欧美截然不同的亚太地区儿童，单靠广告标榜肯定是难以奏效的。孩子玩具宝公司经过精心策划，决定采取公关手段进行促销。它把自己精心制作的电视系列动画片《变形金刚》无偿赠送给内地各家电视台。由于是无偿赠播，电视台都欣然接受。经过这一大范围的广泛播放，成千上万的亚太地区儿童被动画片中充满诱惑力的变形金刚迷住了，渴望变形金刚玩具投入市场。玩具市场形成空缺，孩子们一见，自然是蜂拥而至。就这样，"变型金刚"玩具轻而易举地叩开了亚太地区市场的大门，市场销售量与日俱增，形成了一股强劲的"变形金刚"热销势头。

营销功夫有时尽在"诗"外，决战岂止在商场！所以，营销的高技能在于不必急于暴露目标！只要取得最后成果，过程"迂回"又何妨！

第四节：时代召唤"看不见的宣传"
——"喧宾夺主"也无妨

如果你去菜市场买肉，遇到两家卖肉的同时向你吆喝。一家说话中肯好听，还跟你拉家常，另一家直接推销，像在逼迫你买一样。你会买哪家？相信不少人都会选择和你对等交流，不仅仅是讲买卖，还讲交情

第一章　「会说」是占领市场的「软实力」

的那家吧。

在宣传推广方面，应该善于隐藏你的目的，做"看不见的宣传"，达到润物细无声的效果，既传递了有用的信息，又温和地推荐了产品和服务，更像是分享而不是买卖。这让顾客比较容易接受。

秦朝末年，各路起义军中有两支最大的力量，这就是刘邦和项羽的队伍。他们曾经约定好了，谁先攻下秦朝首都咸阳，谁就在关中一带为王。结果，刘邦先攻破了咸阳，控制了函谷关。

项羽对此非常生气。他想自己有四十万大军还没称王，而刘邦才十万人马居然称王！于是要找刘邦决战。项羽的一个远房叔叔项伯与刘邦的谋士张良很要好，听到这消息，他连夜跑去告诉张良，劝他赶紧离开。张良不愿背叛刘邦，经张良介绍，刘邦热情地接待了项伯，并与项伯结为儿女亲家。项伯劝刘邦亲自去向项羽解释、道歉，以避免这场大战。于是第二天，刘邦带着一百多人亲自去鸿门向项羽陪礼道歉。项羽的谋士范增劝项羽在酒宴上除掉刘邦。宴会上埋伏了一批武士，约定项羽一举杯，就立即动手。在宴会上，刘邦对项羽态度谦卑，处处陪着小心。由此迷惑了项羽，项羽认为他没有称王的野心，被刘邦哄得渐渐高兴起来，根本不再想杀刘邦了。所以对范增的几次示意，都没有反应。但范增却不甘心。他眼看项羽没按计划进行，就把项羽的堂兄弟项庄找出来说："项王太仁慈了。你快进去借舞剑为名，趁机杀了刘邦。"项庄回来便到宴会上敬酒，并请求让他舞剑助兴。只见剑光闪闪，项庄越舞越靠近刘邦。项伯担心出事，对项羽说："一人独舞，兴致不高，让我和他对舞吧！"项伯也拔剑起舞，暗暗地用自己的身体挡着刘邦，使项庄找不到下手的机会。

张良看到这种情况，赶忙出去对刘邦手下的武将樊哙说："现在项庄舞剑，他的用意就是要杀沛公啊！"樊哙一听，立即拿起武器，闯到宴会上。在张良、樊哙的保护下，刘邦借机离开宴会，安全地回到自己的军营。

这就是历史上有名的"鸿门宴"的故事。"项庄舞剑,意在沛公"的成语也由此而来。这个成语用来比喻说话和行动的真实意图别有所指。

这个成语故事体现了一个最核心的道理——醉翁之意不在酒,很明显,项庄的目的就是为了刺杀刘邦;但为什么要先以舞剑为由?无非是为了降低刘邦的警惕性,也好水到渠成地"一个不小心"就达成了目的——成功刺杀。

宣传营销也是一个道理。为了不引起顾客的反感和防范心理,应该深藏目的,多用些"醉翁之意不在酒"的婉转手段,做看不见的宣传,达到最终目的。

2013年4月初,美国脱口秀节目 The Daily Show With Jon Stewart(《囧司徒每日秀》)的一段调侃某国家领导人的视频在中国获得了巨大反响,多数观众在观看节目时,关注的是节目主持人囧司徒的夸张表情和幽默风格,对他敢于揭露政客的虚伪和其他新闻媒体的荒谬而大加赞赏,但往往忽略了节目内容中所隐含的意识形态色彩。脱口秀节目始终裹挟着厚重的幽默娱乐外衣,《囧司徒每日秀》就自称为新闻恶搞节目,追求新闻与娱乐"混搭式"的编排风格。主持人囧司徒或表演夸张、或言辞幽默,从而引发观众笑声不断。但实际上,脱口秀节目通过对时事的犀利点评,用戏谑、调侃的方式来表明自己的态度,如此,观众在轻松的氛围中不知不觉地接受了他的观点,在潜移默化中受到了该价值观的影响而不自知。

这是无声进行营销意识形态的典型事例。

事实证明,"看不见的宣传"更能渗透人心,收获效果。多干"喧宾夺主"的事,强化"宾"的渲染,让顾客忘了你的目的是"主",以情感为主,产品完全为情感服务,将产品信息附带在故事上无声息渲染。

有一篇《说小不小说大不大的圣诞礼物》的文章就做到了这点:

他们结婚19周年纪念日,恰好是圣诞节。

几天来,她一直头疼、失眠,心情特别郁闷。4S店的工作太繁杂,整天忙得焦头烂额，她简直不想再做了。整个店里有上百号人，财务账目惨不忍睹，同行竞争日益残酷，员工管理也复杂，忙时人员不够用，闲时人多没处用，双休日几乎没有休息过，简直让她一筹莫展、身心疲惫。

昨天晚上，她草草对付了一口饭，收拾完碗筷后，她的老公一如往常，进入书房开始读书看报，而她坐在电视机前漫不经心地变换着频道，心里却翻江倒海，索性关闭了电源，一个人孤独地坐在那里，越想越感到委屈，禁不住抽泣起来。

寂静的夜晚，她的抽泣声惊动了书房的老公。他心里一惊，起身来到她身边，纳闷之际伸出右手想安慰一下老婆："为啥哭啊，咋地了？"她一边抽泣一边委屈地回答："整天累得睡不着觉，这日子过得真没意思。"听她如此一说，他伸出的右手停在了半空中，犹豫片刻，还是将手继续移动，轻轻地落在了她的肩膀上，说道："当初我们那么苦都过来了，现在我职位升了，店里的生意也不差，生活好了，咋还郁闷起来了？"他用手抚摸着她的肩膀，轻声说："我们的生活一天比一天好了，我们的心情也要一天比一天快乐才是。"几句简单的话，一个微小的动作，顿时让她感到异常的温暖。

"店里生意不差，却也不好，你知道有多难吗？"她开始絮絮叨叨，"财务账目一团糟，我发现好多同行都在搞促销，我们店里却还在为特色促销发愁……"面对她的诉苦，他"嘘"了一声后说："走，我去店里看看吧！"

结婚 19 年了，他一直很倔强，毫无耐心，我行我素，从来都没有注意过她的任何感受。而她全身心投入 4S 店生意的同时，还要全方位地照顾一家老小，尤其是父母去世之后，她更成了兄弟姐妹各个家庭的顶梁柱。在家里，与其说她是他的老婆，不如说她在当他老婆的同时，还在承担着他母亲的责任。他在外不如意时，她柔情劝解；他在家发脾气时，她礼让三分；而她不如意发脾气时，他不但不会安慰，反而怒目而视，不理不睬，转身离去，不会倾听她的倾诉，全然不顾他的感受、她的委屈。

而今，面对她的抽泣、她的委屈，他终于开口讲了一句安慰，还有意关心她店里的生意了。他牵着她的手，俩人向 4S 店走去。

店里除了做车辆促销的员工，她还发现有几个穿蓝色工作服的陌生人正在店的一角安装什么宣传牌。她心里一惊，蓦地明白了什么似的，转过头去用疑惑而幸福的目光注视着老公。

他笑着解释："看你做生意起早贪黑，太辛苦，我给你订了一批'惠开车'车载终端，作为新车促销礼品，高端大气上档次，低调奢华有内涵，为什么不用呢？"

她赶紧跑到工作人员的身边，他们向她微笑打招呼。她转过头说："我也考虑过这样的赠品，只是不太了解，这个真的能行吗？"她的额头上写满了疑惑。

他微微一笑，娓娓道来："这款智能终端是专为汽车车主客户设计的一款全新车生活应用，通过 OBD 接口能够及时了解汽车的健康状况，统计行驶时长、行驶里程、违章和油耗等车辆行驶的实时数据，为车主提供良好的驾驶行为建议，帮助车主保养他的爱车，可以方便获得各种便捷的服务。同时也助于我们店里及时掌握售出车辆的保养信息。"

听到他体贴的安慰，她热泪盈眶，转身抱住了老公。结婚这么多年来，他第一次默默主动地为她做了一件事。平安夜异常干冷，她却感到非常温暖。她感觉原本渐渐让人失望的 4S 店仿佛也变得可爱起来。但她精明的生意头脑又转了起来："这个需要不少钱吧？咱们要的是赠品，如果卖给车主，可能……，高科技的产品一般都价值不菲，现在新车的利润很低，如果再赠送不菲的赠品……"

"哈哈哈哈……"他不顾员工在眼前，抱着她说："你永远改不了追根究底的毛病，我是为你解决烦恼，又不是给你添麻烦，当然要选最省心的品牌，放心吧，现在这款终端做活动，价值 1368 元的产品免费送哦。我已经给你订购了足够的产品，厂商还联合了保险公司做宣传，你还担心什么？一定会是一个大亮点的，老婆，我只要你轻松快乐！"

她再也忍不住了，将头埋在老公的胸前抽泣起来。工人已经将宣传的广告牌安装好了，掌声响起来，工人向他们祝贺圣诞快乐！她急切地说谢谢，一时感动得语塞。老公原来一直深爱着她——这是她结婚周年收到的最好礼物，也是圣诞节最惊喜的礼物。

笔者初看这篇文章的时候，真是完完全全被这个相互支持的爱情故事感动到了，情绪也随着这对夫妻的对话和进展波动着，深陷其中而不知觉。直到最后，才发现，其实那点睛之笔是"一款全新车生活应用智能终端"啊！不得不说，这位软文高手的手段实在是赞。人们在被故事情节吸引的时候，同时认识并记住了那款专为汽车车主客户设计的一款全新车生活应用智能终端，以及容易被它具备的作用和功能所吸引。

这种"喧宾夺主"的营销给产品赋予了情感元素，无声无息地走进了读者的心里，征服了顾客。

还有一个无形的宣传案例，文章题目是《家是温柔港湾》：

不是每一次等待都会换来回应，就像不是每一次离别都会迎来再聚。那些毕业后还愿意陪在你身边的女孩，请一定要学会珍惜，因为不是每一个女孩都舍得耗尽青春来等你。这样的男孩是幸运的，而我恰巧就是这样一个幸运的人。

毕业后我留沪工作了几年。撑过了大学毕业就分手的魔咒，又从青涩的大学生渐渐成为社会人，年纪不小的她心急了。其实我也何尝不理解她呢，毕竟她把最美丽的青春用在了我身上，但是面对高居不下的房价以及严苛的政策，我退却了。

家究竟是什么？一座围城？老婆孩子热炕头？如果自己真有那个经济实力，我真的很愿意被困在这座围城里，可是现在的我根本就做不到！想要在上海买房，简直就是空谈，梦想太遥远，伸出手怎么也摸不到。也许我真的是渣男，在看到越来越心急的她，我却是越来越想逃。

每一个到上海打拼的人，都有一个家（安家落户）的梦想。

矛盾是早就埋下的，如果不去解决，迟早有一天会爆发。我和她的

眼中看见了不同的天空，她终于忍不住了，和我提出了分手，然后决然离去。当时我感觉天都塌了，逃避真的解决不了任何问题。看着工作状态越来越差的我，好心的上司决定给我放一个长假，让我好好去调整调整。于是我独自一人背上了旅行包，踏上了当年我和她一直悬而未决的旅行。

　　一路走过山山水水，看过云南的洱海，捧过苍山的暮雪，喝过味道劲辣的烈酒，却怎么也浇不息我心底的那一抹愁，根本就找不到一点归宿感。此刻，我才真正的明白我之前错得有多离谱，我终于看清了心里想要的是什么。于是我立马定了返程的机票，努力去追回原本错过的幸福。

　　至于事情的结尾，你们都已经看到了。她一直在等我，等我回去娶她。相拥的那一刻，我们都哭了。虽然好事多磨，但我们幸好没有错过。有了她作为我坚持奋斗的动力，我工作也比之前卖力了许多，买房子终于不再像原来那样遥不可及。如今我们终于存够了首付，也在两家老人的帮衬下贷款买了属于我们的房子。从那件事我明白了一个道理：世界

太大，有她的地方才是我的理想家。

　　此文以第一人称叙述了他和女友之间的感情历程，引出房价太高是阻碍两人结婚的最大因素。这几乎是所有想要结婚的年轻人所面临的问题，能够让读者感同身受，具有真实性。

　　其实这里就已经埋下了广告的伏笔，但作者没有立刻将广告打出来，而是中间再插一段两人分手。最后再以作者幡然悔悟、父母资助贷款买房为结尾。整篇软文只有最后一句"世界太大，有她的地方才是我的理想家"提到了要宣传的楼盘"理想家"。所以说，"喧宾夺主"看起来产品"理想家"这个楼盘为故事服务了，实际上只是以顾客"看不见"的方式让故事为产品服务了。

第二章
会讲故事很重要

第一节：讲故事比说理管用

从前面我们可以知道，最好的宣传是悄无声息、潜移默化的。而前面也提到几个成功的宣传案例：神舟电脑的宣传讲的是超女用神州电脑的故事；飞利浦的营销讲的是一群商务精英在野外体验生活的故事；松下洁乐马桶盖讲的是吴晓波买马桶的故事；H5游戏的宣传讲的是吴亦凡这位年轻人疑似参与H5的故事；即使是软文，也是用故事把产品层层裹住，煽情了很久才扯开了面纱露出了产品。聪明如你，应该已经看到了整个案例的共同点和核心——讲故事。讲故事既能成功地掩饰宣传目的，又能成功地激发顾客的关注兴趣。

这是很多机智的商家屡试不爽的宣传方式。因为没人爱听大道理，人人喜欢小故事。

我们先来做个设想，如果我们正处于沮丧、懊恼、绝望的状态，有来自朋友的两种安慰方式，一种是对你夸夸其谈满嘴大道理告诉你应当如何、不该如何，另一种安慰方式则是给你讲一个某某人如何士气大增，克服了重重困难的励志故事。你愿意选择听哪一个？哪一个带给你的震慑力大？有句话叫做"事实胜于雄辩"，前一种方式其实是用"雄辩"说服你，后一种则是用"陈述事实"引起你的同感，让你自然感悟，你觉得哪种更受用？

邹忌身高八尺，容颜俊朗。有一天早上，他穿戴好，照着镜子，对他的妻子说道："我跟城北的徐公谁好看？"城北的徐公，是齐国众人公认的美男。他的妻子说："您好看，徐公当然比不上您！"邹忌信不过，就问他的妾："我跟徐公谁漂亮？"妾说："徐公哪里比得上您呢！"第二天，有位客人从外边来，邹忌跟他坐着聊天，问他道："我和徐公谁漂亮？"客人说："徐公不如你漂亮。"又过了一天，徐公来了，邹忌仔细地看他，自己认为不如他漂亮；再照着镜子看自己，更觉得相差太远。晚上躺在床上反复考虑这件事，终于明白了："我的妻子赞美我，是因为偏爱我；妾赞美我，是因为害怕我；客人赞美我，是有事求我。"

于是，邹忌上朝去见威王，说："我确实知道我不如徐公漂亮。可是，我的妻子偏爱我，我的妾怕我，我的客人有事想求我，都说我比徐公漂

亮。如今齐国的国土方圆一千多里，城池有一百二十座，王后、王妃和左右的侍从没有不偏爱大王的，朝廷上的臣子没有不害怕大王的，全国的人没有不想求得大王的恩遇的：由此看来，您受的蒙蔽一定非常厉害。"

威王听了颇有触动，说："好！"于是就下了一道命令："各级大小官员和老百姓能够当面指责我的过错的，得头等奖赏；书面规劝我的，得二等奖赏；能够在公共场所评论我的过错让我听到的，得三等奖赏。"命令刚下达，许多大臣都来进言规劝，宫门口和院子里像个闹市；几个月后，偶尔才有人进言规劝；一年以后，有人即使想规劝，也没有什么说的了。如此威王在别人的谏言中不断完善了自我，成为治国理政的"能手"。

试想，如果邹忌的劝谏方式是一上来就讲大道理，能得到威王这么热切的回应吗？估计威王早就不耐烦了，一生气说不定还把他推出去"咔嚓"了。但是他先讲了自己受到盲目夸奖，而与实际差异却很大的故事，再推己及人，提出连自己都听不到批评的真话，更何况坐拥千里河山的威王？由此点醒威王，让其看到自己的不足，善于采纳别人的逆耳忠言。

这就是故事的魅力，一个小故事胜过一百句箴言。因为爱听故事，几乎是人的天性。

我们都知道，小孩子最喜欢听故事了，因为故事的形式可以让人轻松记下和给人精神上的联想。是的，讲故事的时代已经来了。因为故事永远比道理更有说服力，更符合人的天性，更容易引起情感上的共鸣。所以故事作为一种载体，带着它具有传奇性、曲折性、冲突性、戏剧性、传播性、传承性的色彩已经潜移默化地被人们所接受。

楚庄王即位近三年以来，他整天打猎、喝酒，不理政事，还在宫门口挂起块大牌子，上边写着："进谏者，杀毋赦！"这一天，大夫伍举（一说申无畏）进见楚王。楚庄王手中端着酒杯，口中嚼着鹿肉，醉醺醺地在观赏歌舞。他眯着眼睛问道："大夫来此，是想喝酒呢？还是要看歌舞？"伍举话中有话地说："有人让我猜一个谜语，我怎么也猜不出，特此来向您请教。"楚庄王一面喝酒，一边问："什么谜语，这么难猜？你说说。"伍举说："谜语是'楚京有大鸟，栖上在朝堂，历时三年整，不鸣亦不翔。令人好难解，到底为哪桩'？您请猜猜，不鸣也不翔，这究竟是只什么鸟？"楚庄王听了，心中明白伍举的意思，笑着说："我猜着了。它可不是只普通的鸟。这只鸟啊，三年不飞，一飞冲天；三年不鸣，一鸣惊人。你等着瞧吧。"伍举明白了楚庄王的意思，便高兴地退了出来。

过了几个月，楚庄王这只大鸟依然故我，既不"鸣"，也不"飞"，照旧打猎，喝酒欣赏歌舞。大夫苏从忍受不住了，便来见庄王。他才进宫门，便大哭起来。楚庄王说："先生，什么事让你这么伤心啊？"苏从回答道："我为自己就要死了伤心，还为楚国即将灭亡伤心。"楚庄王很吃惊，便问："你怎么能死呢？楚国又怎么能灭亡呢？"苏从说："我想劝告您，您听不进去，肯定要杀死我。您整天观赏歌舞，游玩打猎，不管朝政，楚国的灭亡不是在眼前了吗？"楚庄王听完大怒，斥责苏从："你是想死吗？我早已说过，谁来劝谏，我便杀死谁。如今你明知故犯，真是傻极了！"苏从十分痛切地说："我是傻，可您比我还傻。倘若您将我杀了，我死后将得到忠臣的美名；您若是再这样下去，楚国早晚是要灭亡的。您就当了亡国之君，您不是比我还傻吗？我的话说完了，您要杀便杀吧。"楚庄王忽然站起来，动情地说："大夫的话都是忠言，我必定照你说的办。"

就这样，苏从借自己的悲伤故事为题，成功地实现了进谏，点醒了楚庄王，同时也成全了自己。

之后，楚庄王传令解散了乐队，打发了舞女，决心要干一番大事业。楚庄王首先整顿内政，起用有才能的人，将伍举、苏从提拔到关键的职位上去。当时楚国的令尹和斗越椒野心勃勃，想要篡位。楚庄王便任命了三个大臣去分担令尹工作，削弱了他的权力，防止他和斗越椒作乱。

楚庄王一边改革政治，一边扩充军队，加强训练军士，准备与晋国决战，雪城濮之战的恨。他在即位的第三年，率兵灭了庸国（今湖北竹山县一带）；第六年，战败了宋国；第八年，又战败了陆浑（今河南嵩县北部）的戎族。其间还发生"问鼎中原"的故事。之后，楚庄王又陆续让鲁、宋、郑、陈等国归顺，他继齐桓公、晋文公、秦穆公之后，也当上霸主。他前后统治楚国二十三年，使楚国强盛一时。

这些改变，却只源于伍举和苏从的两个故事。

《故事会》和《知音》有各自的受众群体，机场里的财经杂志同样也靠商业故事让一些成功人士沉醉。小时候，我们就喜欢听爸爸妈妈讲故事；大一点，认字了，我们开始自己看故事，故事也成为人们接受知识的一种方式，因为故事具有知识性、趣味性甚至情节性，让我们百听、百看不厌。相对于大道理的枯燥乏味，小故事的"现身说法"更接地气、更实际，更能给人带来心灵悸动，让人更容易接受其表达的主题和观念。

这是一个信息泛滥的时代，人们在本能地拒绝被信息所淹没。对于充斥着浓浓铜臭味的喋喋不休的陈述和说教，人们早已心生厌烦，想避而远之。在人们感官麻木的信息过剩时代，最短缺的资源就是快乐、感人的故事。它们犹如闷热中的一丝清凉、沉闷中的一份愉悦，具有无比的渗透力和感染力，沁入人们的感官之中。

因此，安慰人时，不妨讲个好故事；疲惫了时，不妨听个好故事；遇到矛盾说理不通时，不妨迂回婉转讲个好故事；想要达到某种营销目的时，就来讲个好故事吧。

第二节：无故事，不传播

从传播学的角度看，鲜明的主题、个性化的人物、丰富且有冲突的情节、感同身受的细节缺一不可；而这些要素的目的就是要有代入感，让观众、听众产生共鸣。

故事能够很好地把人们连接起来，因为故事早就融入了我们的

DNA。人类之所以为人类，就是因为我们不但会讲故事，还具备分享故事的能力。故事为我们所做的一切带来了背景和意义；故事承载着我们的希望、梦想和价值观；故事唤起我们的好奇心，给我们带来惊喜和神奇；故事在我们灵魂深处引起共鸣。而且，如果故事讲得好，就能最迅速地传播开来，也能永远地进驻我们的心。

故事，为传播提供了最有效的载体。

河南省实验中学的一名女心理教师不愿一辈子在学校里当个小教师，她本来就是一个生性爱自由的人，最后她下定决心，鼓起勇气辞掉了工作。由此，她的一则简短有力的"十字"辞职信——"世界那么大，我想去看看"，在短时间内迅速走红网络，被称为最有情怀的辞职信，得到了广泛的传播。而究其根源，只是这个女教师敢于追求自我、超越现实满足个人情怀的故事引起了大众的共鸣。"世界那么大，我想去看看"这简短的十个字，说出了被压制在灯红酒绿的城市里奔波人们的内心最真实的想法。世界那么大，人生这么短，我要去看看，即便看不完。这十个字的文案不含有过多怨言和解释，只想表达最真实的自我。这也是一种情怀，"生活不只是眼前的苟且，还有诗和远方"的情怀很容易蔓延开来。曾几何时大家都被现在不喜欢的工作亦或是喜欢的却无法突破瓶颈的现状压得气喘吁吁，但是又在害怕自己无法找到下一家，对未来的不确定性感到恐惧，因而只能将自己"绑"在原地。但是那个女教师却这么勇敢，她可以真性情地放弃已有的稳定的一切，任性率性地追求内心所想，这种敢于追求自我的故事在广大上班族中赢得了巨大的共鸣，她的故事给大家带来了强烈的冲击，让大家感到可能真的要"走出舒适区"。"我想去看看"不一定是环游世界，只要走出现在所处的环境，尝试新鲜的东西便足矣。随着这个故事的发酵，人们开始关注女教师背后的生活故事，女教师表示"丈夫就是我的世界"，她辞职是为了与远在云南的男友登记结婚。在此，故事又进行了二次传播，成了一个美好的爱情故事蓝本。而许多媒体自然捕捉到了这么好的故事题材，也开始玩起了这个辞职信模板。他们用自己的品牌和"世界那么大，我想去看看"能为用户提供什么或是提醒用户什么来凸显品牌的特征，开始了火热的三次、四次、五次……传播。

故事，特别是能引起人们共鸣的故事，总是特别容易成为万众瞩目的焦点，不需要炒作和包装，都能让人们主动承担起传播者，无限度地扩散故事的受众范围。

比尔·盖茨和巴菲特将到访中国并与50位中国富豪共赴"慈善晚宴"，中国私营企业家陈光标为这次慈善之旅送上了"见面礼"。陈光标说，如果劝捐的话，他要第一个响应。9月5日，陈光标在其公司网站上刊出一封致比尔·盖茨和巴菲特的信，信中称"在我离开这个世界的时候，将不是捐出一半财富，而是向慈善机构捐出自己的全部财产。这也是我给你们两位先生中国之行的见面礼"。

该事件在全国引起了极大的轰动，陈光标"裸捐"的故事很快传播开来，有人诃责陈光标高调善举，求名夺利；但更多人还是被陈光标怀着一颗善心，对钱财的漠视以及对公益的热心所感动。于是陈光标善举的故事被很多网友主动传播，几度成为头条新闻，引起全社会的普遍关注。

还有一个特别值得一提的传播故事，是关于当下网红"伟大的安妮"的。

"伟大的安妮"，原创漫画家。原名陈安妮，1992年11月23日出生于广东汕头。毕业于广东外语外贸大学，爱好画画。2016年1月，被评为2015"当当年度影响力作家"。

她的走红，源于一系列"有血有肉"的漫画故事传播。

2014年，有一组《对不起我只过1%的生活》的漫画，曾在微博、微信、QQ群等各个社会化媒体中疯传。这组漫画仅仅在微博，短短的一天，转发和点赞就都达到几十万次。而其带来的转化也惊人的高，漫画的作者"伟大的安妮"声称，故事在微博发出去第二天时，就已经有超过6000万的阅读量，并且有超过30万的用户下载了她才上线的"快看漫画"APP，该应用也在App Store里最高时冲到了免费榜榜首。

而这个漫画之所以得到如此广泛的传播，无疑是因为它丰富的故事元素。很多媒体评价，这组漫画其实是"伟大的安妮"讲的一个创世纪故事，一个创业传奇。这场火爆的"我只过1%的生活"故事秀，堪称当年性价比效果最好的事件营销，没有之一。因为这个故事包含了：

鲜明而且正能量十足的主题（励志与梦想。这是屌丝们聊以自慰的精神食粮，梦想系也许是唯一能和爱情系并列的一击即中的文艺创作题材了，因为它根本就是整个人类的软肋，特别是受到现实生活的反复冲击，人们更需要它来"意淫"）；

个性化的人物（90后少女创业者，现在的创业大军里，最能引起舆论和传播的非90后莫属了，而且还是一名无敌可爱的少女）；

新颖而可视化的传播形式（漫画。现在的互联网进入了一个读图时代，比起长篇的文字，图像本身具有直观性和美感，更易于传播，也更适合碎片化时间）；

丰富且有冲突的情节（成长与创业中的坚持与特立独行）；

感同身受的细节（漫画里的99%，追逐1%，不就是在让你，还有他感同身受吗？谁又没有那丢失的1%呢）。

讲自己的故事最动人：个性化的人物、丰富的情节、矛盾与冲突，在短短的漫画中都淋漓尽致地表现出来，让用户有了共鸣，安妮的影像在用户的脑海中化身成了自己的未来与希望，每一个人在感动的时候其实都是在为自己感动。

所以被传播被转发被点赞的，实际上是一个励志的感人故事。

我们喜欢看MV，是因为MV里的歌词与画面的汇合，讲的是一个个或动情或伤情的美丽故事，比如光良的《童话》就讲了一对相亲相爱的情侣遇到病魔的折磨而不得不分离的悲伤而美丽的爱情故事，比如林依晨拍的MV《萤火虫》就讲了一个关于朋友之间的"三角恋"的故事，说明了原来的爱也会像萤火虫一样会消失、会改变。我们喜欢看小说胜过许许多多的实用类书目，也是因为小说讲的是一个人或多个人方方面面的故事，更精彩的是，小说往往强调情节，我们在作者流畅的表述中随着故事的跌宕起伏而欲罢不能。我们喜欢看电视剧、电影，也是因为里面的画面实际上是由一个个动人的故事组成的……

那些被人们喜爱并主动传播的，都穿着"故事"的外衣。

大家都喜欢有故事性的内容，故事讲得越好、越能激发人们的兴趣，被分享的几率也越高。因为故事本身就比单纯的理论更具真实性、更能打动人、更能引发用户的情感波动或者好奇心。

对此，产品的营销可以有所借鉴。往往最容易被消费者记住的是故事和案例，它能充实产品的价值和利益，比干巴巴地说产品的功能和用途要好很多，而且故事本身又具有震撼性和阅读性，能够让消费者在看故事的过程中增长了知识。因此，要想真正成为一款伟大的产品，首先不是你的用户有多少，而是产品的知名度及口碑有多高。而要提高产品知名度和口碑，不是靠公司的那点人到处去演讲介绍产品功能所能解决

的。它必须是能有口口相传且具有戏剧性谈资的效果。因此，要想把产品做成伟大的产品，必须给它赋予一个动人的故事，让它自己一传十、十传百地去传播。

第三节：故事中的"战斗机"
——四大名著何以影响深远

从古到今，经典书籍无数，让读者目不暇接。但是再好的书也有被遗漏，不为人所识的。然而，有这么四本书，老少皆知，被人人奉为经典。这四本书就是我们中国的"四大名著"——《红楼梦》《三国演义》《水浒传》《西游记》，堪称中国文学史上的四座伟大丰碑。四大名著为何会得到广泛传播，而且影响深远呢？

一定意义上讲，因为四大名著堪称讲故事的楷模，可谓是故事中的"战斗机"啊。

《三国演义》讲的是魏、蜀、吴三个政治集团争天下的故事

《三国演义》是中国古代第一部长篇章回小说，是历史演义小说的经典之作。该小说描写了公元3世纪以曹操、刘备、孙权为首的魏、蜀、吴三个政治、军事集团之间的矛盾和斗争。在广阔的社会历史背景上，展示出那个时代尖锐复杂又极具特色的政治军事冲突，在政治、军事谋略方面，对后世产生了深远的影响。

我们之所以对这本书如此喜爱热捧，是因为其中有很多我们耳熟能详的精彩故事。

七擒孟获

三国中期,蜀国占据西蜀一带,这时南方孟获作乱。据悉孟获是个性情急躁的人,他善于使用弓箭,在当地很有威望,要是降服了他,对治理南中大有好处。诸葛亮用了一个小小的计谋,活捉了孟获,把他待如贵客,请他喝酒吃肉,把他领到自己军队面前,让他观看蜀军阵容。孟获看了,心中不服,诸葛亮把他放了。

孟获第二次和蜀军交锋,又被活捉。诸葛亮见他不服,又把他放了。就这样捉了放,放了捉,一连七擒七纵,使这个南中有影响的人物,终于心服。当诸葛亮还要放他时,他对诸葛亮说:"您像天神一样,从今以后,南中人再也不反叛作乱了。"九月,三路大军在滇池(今云南晋宁)会师,最后平定了南中叛乱。

空城计

三国时,诸葛亮屯兵阳平。不久诸葛亮派大将魏延率大军东下,自己只留1万人守阳平城。这时,魏兵统帅司马懿率20万大军逼近了阳平城。诸葛亮知道想叫魏延回军已经来不及了,如果弃城逃离阳平,魏兵很快就会追上。经过思考,诸葛亮想到司马懿生性多疑,于是他作出一个大胆的决定:所有士兵都隐蔽起来,打开四面城门,选20名老弱兵士扮作寻常百姓在街上洒水扫地。

魏兵先头部队来到城下,看到这种情形,立即止住脚步,不敢前进。司马懿向城里观望,只见20名百姓低头扫地,旁若无人,完全没有敌军压境的惊慌气氛。再看城头之上,诸葛亮身披鹤氅,镇定自若地弹琴,幽雅的琴声在天空中回荡。两个小童站在诸葛亮身边,一个在左,手捧宝剑,一个在右,手挥拂尘。

司马懿越看越怀疑,越想越害怕。他马上下令:后队变前队,前队变后队,立即撤退。司马昭劝父亲说:"也许城里根本没有士兵,诸葛亮故弄玄虚来欺骗我们。"司马懿自信他说:"诸葛亮办事历来谨慎。今天却四门大开,城内必有埋伏。我们贸然进城,必然中了他的诡计。不要耽误时间了,赶快退兵!"

后来司马懿得知了阳平城的虚实,但诸葛亮已做好了防备,司马懿对此悔恨不已。

草船借箭

孙刘联军和曹操在赤壁对峙。周瑜嫉妒诸葛亮的才智,想除掉诸葛亮,于是刁难诸葛亮,要他在十日之内造十万支箭。诸葛亮料定过几天有大雾,于是便答应,而且自己还把期限减少到三天。周瑜认为诸葛亮是自寻死路。很快两天过去了,诸葛亮都没动静。到了第三天夜里,诸葛亮向鲁肃借了一些船只。船上放满草人,一字排开向曹操营寨驶去。江面上雾很大,曹操不清楚敌军虚实。于是叫将士疯狂放箭。很快,箭射满了草船,结果诸葛亮满载而归,顺利交差,让周瑜无话可说。

白帝城托孤

关羽失荆州被杀后,刘备悲愤不已,举大军伐吴,发誓要"踏平东吴"。不料被东吴的陆逊"火烧连营"而大败,于是逃往白帝城,但忧郁成疾,危在旦夕。于是召集大臣吩咐后事,将太子刘禅托付给诸葛亮,由诸葛亮精心辅佐。

刮骨疗毒

水淹七军之后,关羽攻打樊城,在樊城下骂阵。曹仁命令弓箭手射箭,关羽右臂中箭。回营后发现箭头有毒,毒已入骨。于是请来了曾经为周泰疗伤的名医华佗。华佗说要割开皮肉,把骨头上的毒刮去,这会极其疼痛,请关羽把手臂套住绑紧,把头蒙住。关羽却说不用。他一边和马良下棋,一边忍受刮骨疗伤,谈笑中没有丝毫痛苦的神色。事毕,两人互相惊叹,关羽称赞华佗的医术,华佗赞叹关羽的勇气和毅力。

……

正是这些迷人的故事深深吸引着人们的关注点，让人们加深了对这本书的认可度，使之继而成为"四大名著"之一。

另外，《三国演义》全书一共写了1798人，其中有姓有名的大约1200人，其中武将436人，文官451人，汉、三国、晋的皇裔、后妃、宦官等128人，其他176人。在众多人物中，我们不可能都记得，能留下印象的其实也在少数。而研究可发现，我们之所以对这些"少数"印象深刻是因为作者用诸多故事进行表述，使人物个性鲜明生动，被观众所识，赢得了销售个人的机会。

诸葛亮之所以被传为具有治国治军的才能、济世爱民情怀、谦虚谨慎品格的贤相，为后世人赞誉不已，是因为有草船借箭、空城计、赤壁战等故事的烘托和渲染；刘备之所以成为"圣君"的代表，是因为桃园结义、三顾茅庐、占领荆州、夺取汉中、建立西蜀、夷陵之战、白帝托孤等故事情节让人们看到他身上具备为人忠厚、知人善任、宽仁爱民、至诚待士、信义为上、大智若愚、大巧若拙的品质；曹操之所以被当成奸诈狡猾、自私残暴、纵横恣肆、权谋机变、飞扬跋扈、目光敏锐的枭雄，是因为煮酒论英雄、华容道、官渡之战、许田打围、挟天子以令诸侯、梦中杀人、杀吕伯奢全家等故事的渲染；关羽被奉为忠义勇武、忠贞不二、光明磊落、恩怨分明的义士，只因过五关斩六将、斩颜良、千里寻主、水淹七军、单刀赴会、温酒斩华雄和败走麦城等故事的塑造……

可见，不夸张地说，人的好与坏，全靠故事造。我们记住了这些人物，并得出他是一个怎样的人的结论，皆看附在其身上的是一个什么样的故事。所以要营销自己，先从营销故事开始。

正是看到了故事的营销价值，北京师范大学党委常委、副校长韩振针对少年儿童的阅读兴趣，略去了传统中国通史严肃的叙述方式和枯燥的记叙手法，选取了历朝历代最具特色的人物及历史事件；用生动的语言，以讲故事的叙事方法，将一个个历史事件娓娓道来，汇集成册，给

《三国演义》出了故事集《三国故事》。

《水浒传》讲的是一群热血青年对现实不满进行造反的故事

《水浒传》是中国四大名著之一，是一部以北宋末年宋江起义的故事为题材的长篇小说，全书主要描写了北宋末年以宋江为首的108位好汉在梁山起义，以及聚义之后接受招安、四处征战的故事。《水浒传》的结构是纵横交错的复式结构，梁山起义的发生发展和失败的全过程纵贯全篇，其间连缀着一个一个相对独立自成整体的主要人物的故事。这些故事自身在结构上既纵横开合，各尽特色，又是整个水浒故事的有机组成部分。全书通过用生动的语言平叙故事，充分暴露了封建统治阶级的腐朽和残暴，揭露了当时尖锐对立的社会矛盾和"官逼民反"的残酷现实，成功地塑造了鲁智深、李逵、武松、林冲、阮小七等一批英雄人物，取得了中国小说史的鼻祖地位。

《水浒传》中脍炙人口的好故事有：

浔阳楼宋江题反诗

宋江到了江州，认识了李逵。一天，宋江自己在浔阳楼喝酒时突发灵感，拿起毛笔便在墙上写下："心在山东神在吴，飘蓬江海漫嗟吁。他时若遂凌云志，敢笑黄巢不丈夫！"谁知第二天，这首诗就被一个别有用心的人看见了。他急忙去报告了蔡知府，说这是反诗。蔡知府立刻就叫人捉拿宋江来问罪，宋江知道官兵要来抓他，急得没有办法，只好装疯卖傻，坐在屎尿堆里。蔡知府知道他是装出来的，便把他抬进江州府，狠狠打了一顿，宋江在无奈之下，只好承认反诗是自己写的。

这个故事使位于江西省九江市区的九华门外的长江之滨的浔阳楼名噪天下，成为中国江南十大名楼之一。据悉，这座"浔阳楼"，借着《水浒传》里宋江题"反诗"的故事成了九江人的"衣食父母"——每年门

票收入几百万元,成为"胜地因一人而名世,山水为一书而增色"的典型案例。

鲁提辖拳打镇关西

一天,鲁达、李忠、史进三人来到潘家酒楼喝酒。吃得正欢,突然听到隔壁传来啼哭的声音,鲁达就叫酒保过来询问。原来是当地一个自称"镇关西"的屠户郑屠强娶了金氏女子为小妾,后又索要银两,金氏父女只好四处卖唱,啼哭的正是金氏女子。鲁达和史进当即凑了十五两银子给这对父女。第二天清早,鲁达安排金氏父女安全离开后,便去找郑屠算账。鲁达装作买肉,故意戏耍了郑屠一番。郑屠被激怒后暴跳如雷,被鲁达摁倒在地,先后只三拳便要了他的性命。鲁达怕吃官司,一溜烟回家收拾好行李逃走了。

拳打镇关西、倒拔垂杨柳、大闹野猪林等故事深入刻画了鲁智深嫉恶如仇、侠肝义胆、粗中有细、勇而有谋、豁达明理的人物形象。

吴用的个人形象塑造

《水浒传》的所述里,吴用为晁盖献计,智取生辰纲,用药酒麻倒了青面兽杨志,夺了北京大名府梁中书送给蔡太师庆贺生辰的十万贯金银珠宝。宋江在浔阳楼念反诗被捉,和戴宗一起被押赴刑场,快行斩时,吴用用计劫了法场,救了宋江、戴宗。宋江二打祝家庄失败,第三次攻打祝家庄时,吴用利用连环计攻克祝家庄。吴用在破连环马时,派时迁偷甲骗徐宁上了梁山。宋江闹华州时,吴用又出计借用宿太尉金铃吊挂,救出了九纹龙史进、花和尚鲁智深。如此种种故事,勾画了吴用足智多谋、神机妙算的形象,成为智者的代表,并以此方式走入了读者心里。

第二章 会讲故事很重要

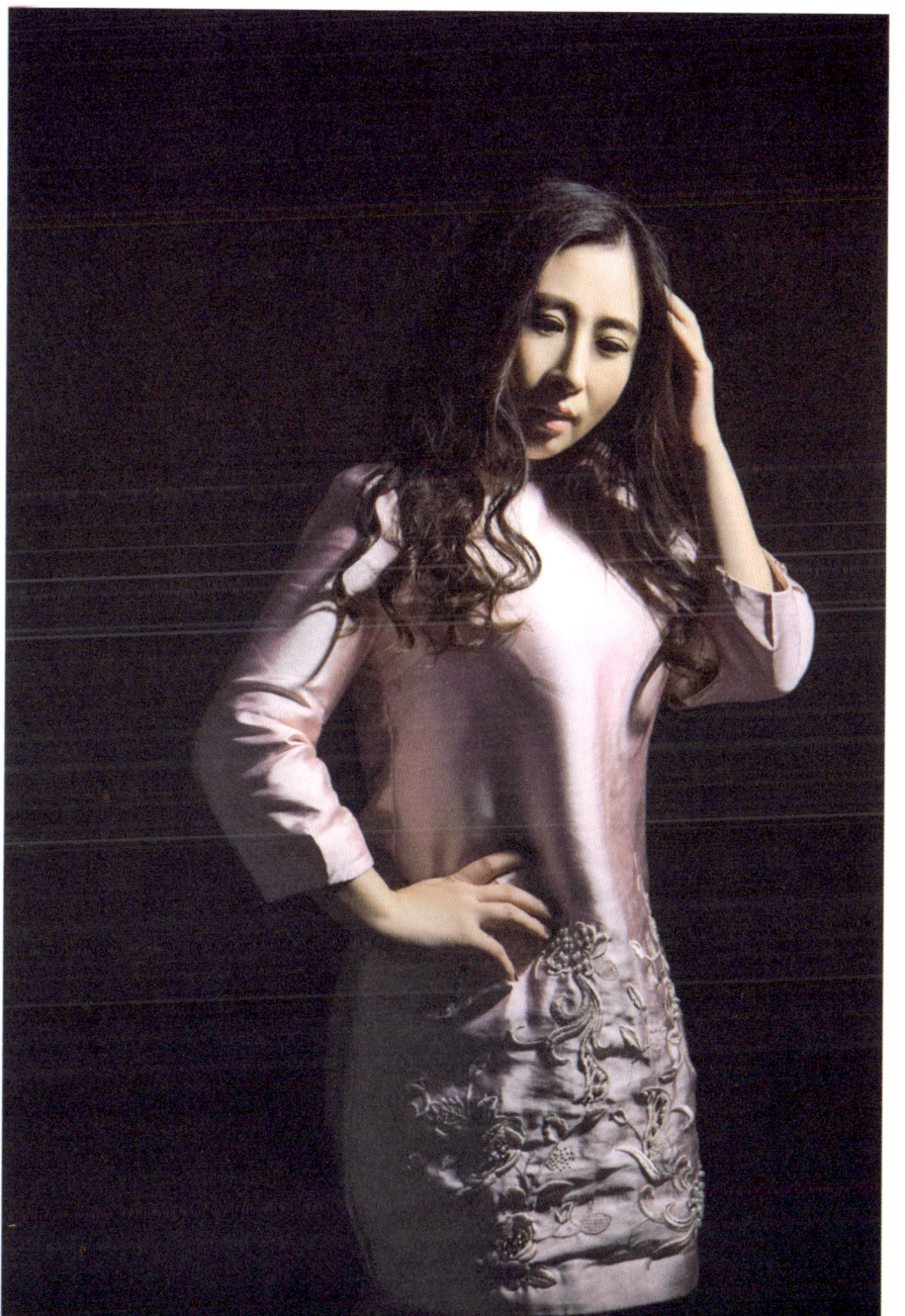

《西游记》讲的是一个团队降妖除魔，取得真经的故事

《西游记》是中国古代的一部浪漫主义长篇神魔小说，成书于16世纪明朝中叶，主要描写了唐僧、孙悟空、猪悟能、沙悟净师徒四人去西天取经，历经九九八十一难最后终于取得真经的故事。《西游记》自问世以来在中国乃至世界各地广为流传，被翻译成多种语言。在中国乃至亚洲部分地区《西游记》早已家喻户晓，其中孙悟空、唐僧、猪八戒、沙僧等人物和"大闹天宫"、"三打白骨精"、"火焰山"等故事尤其为人熟悉。

孙悟空大闹天宫

孙悟空去东海龙宫借了金箍棒，又去地府强销生死簿。龙王、阎君去天庭告状，玉帝把孙悟空召入天庭，授他做弼马温。悟空嫌官小，打回花果山，自称"齐天大圣"。玉帝派天兵天将捉拿孙悟空，没有成功，便让孙悟空管理蟠桃园。孙悟空偷吃蟠桃，搅了王母的蟠桃宴，又偷吃了太上老君的金丹后逃离天宫。玉帝再派李天王率天兵捉拿；观音菩萨举荐二郎真君助战；太上老君在旁使暗器帮助，最后悟空被擒。悟空被刀砍斧剁、火烧雷击，甚至置丹炉中炼了四十九日也依然无事，还在天宫大打出手。玉帝降旨请来如来佛祖，才把孙悟空压在五行山下。

这个故事凸显了孙悟空敢于对抗强权的性格特征，在某种程度反映了社会矛盾集中后的爆发，被认为是《西游记》中最为精彩的内容，受到国内外广大读者的喜爱，被翻拍成多部影视作品。

三打白骨精

唐僧四师徒在取经路上被妖怪白骨精发现了，白骨精想吃了唐僧以求长生不老。白骨精见唐僧身边有猪八戒和沙僧保护，就摇身变作美貌的村姑，拎了一罐斋饭，径直走到唐僧面前，说是特地来请他们用斋的，八戒嘴馋，夺过罐子就要动口。悟空认出村姑是个妖精，举起金箍棒当

头就打，地上现出了一堆白骨。接着，山坡上闪出一个年满八旬的老妇人，手拄着弯头竹杖，一步一声地哭着走来。悟空见又是那妖精变的，也不说话，当头就是一棒。白骨精见棍棒落下，又用法术脱了身，丢了具假尸首在路上。白骨精不甘心就这样让唐僧走了，又变成一个白发老公公，假装来找他的妻子和女儿。悟空把金箍棒藏在身边，走上前迎着妖精，笑道："你瞒得了别人，瞒不过我！我认得你这个妖精。"悟空抽出金箍棒，怕师父念咒语，没有立刻动手，暗中叫来众神，吩咐道："这妖精三番两次来蒙骗我师父，这一次定要打死它。你们在半空中作证。"众神都在云端看着。悟空抡起金箍棒，一棒打死了妖精。妖精化作一堆骷髅，脊梁上有一行字，叫做白骨夫人。

这个故事将唐僧师徒四人的性格都刻画出来了。唐僧遇到乔装的白骨精，心生怜悯，可见其心地善良；猪八戒对白骨精乔装而成的美貌村姑热情呵护，只因其好色；沙僧对唐僧的话言听计从，体现其忠心不二；而孙悟空从一开始就用火眼金睛识别出了白骨精的身份，体现其聪明机智的特点，他敢于坚持自我，不轻信唐僧所言，甚至不惧怕被念紧箍咒也要除妖，体现了其坚持正义和理想的性格特点。仅一个故事就包含了方方面面，将几个人物的特点一并呈现给了读者，这就是《西游记》的作者吴承恩讲故事的高明之处。

《红楼梦》讲的是一个家族由盛而衰、一对男女相爱不得的悲剧故事

《红楼梦》是一部具有世界影响力的人情小说作品，举世公认的中国古典小说巅峰之作，中国封建社会的百科全书，传统文化的集大成者。小说以贾、史、王、薛四大家族的兴衰为背景，以贾府的家庭琐事、闺阁闲情为脉络，以贾宝玉、林黛玉、薛宝钗的爱情婚姻故事为主线，刻画了以贾宝玉和金陵十二钗为中心人物的人性美和悲剧美。通过家族悲

剧、女儿悲剧及主人公的人生悲剧，揭示出封建末世危机。其中，最被人津津乐道的是贾宝玉和林黛玉在贾府初识，在成长中相知，以"木石前盟"为信念相爱，但最后宝玉却终究在半清醒状态下被骗而娶了长辈眼中"金玉良缘"的薛宝钗，导致林黛玉焚稿断痴魂归离恨天的悲剧爱情故事。

《红楼梦》中传播较广的故事有木石前盟、钗黛剖心语、晴雯撕扇等故事，该故事不但成为全书的亮点，且也对人物形象的塑造发挥了重要作用。

木石前盟

黛玉前身本是西方灵河岸上的一棵绛珠仙草，宝玉的前身是块无材补天的顽石。在他投胎为人之前，曾变为神瑛酒保以甘露浇灌了林黛玉的前身绛珠仙草，使其得以久延岁月，脱去草木之态，变幻为人形，修成女体。在宝玉下世之时，她为报答浇灌之德，也要同去人间，把平生所有的眼泪还他。顽石与绛珠仙草前世姻缘的故事，赋予了全书神奇色彩，吊足了读者胃口，使人们对他们的人间姻缘颇有期待。

钗黛剖心语

因为经常游玩，黛玉的咳嗽病又加重了。宝钗为了表达心意前来探望，她所表现出的百般体贴让黛玉感激不已，黛玉也卸下心防，坦白了自己原先对她的误解，说出了自己因宝钗没有当着众人揭穿她读《西厢记》《牡丹亭》等"禁书"而心存感激，以及阐述自己本身无依无靠的苦衷。宝钗也说自己虽然有哥哥母亲，但也只是略比黛玉强一点，也有自己的苦衷。两人惺惺相惜起来，至此两人成为知心之交。这个故事广为流传，引起许多后来学者的探讨研究，更有人对此颇多争议，认为这个故事体现了宝钗的心机之重。由此可见，好看的故事最容易引发关注。

晴雯撕扇

晴雯给宝玉换衣时失手把他扇子跌折,受到了训斥,她的自尊心受到刺激,还击了一通,把宝玉"气得浑身乱颤"。而宝玉赴宴回来,见晴雯入睡,将她推醒,叫她拿果子来,晴雯不干。宝玉说扇子是扇的,要是你想出气,撕也无妨。宝玉拿扇子给她,她便撕起来,嗤的一声,撕了两半,还把麝月的扇子也撕了。这个故事也堪称经典,晴雯作为一个丫鬟,并不惧怕主人,敢抬杠敢任性,充分突出了人物性格的傲气。所以晴雯虽不是主角,却因了这个故事给人留下了深刻的印象,甚至屡屡被拿来与女主人公林黛玉放在一起研究。

尤二姐吞金

王熙凤得知贾琏偷偷同尤二姐结了婚,就将尤二姐骗进府中。一面唆使被逼退了婚的张华起诉,借此大闹;一面又暗中煽动小妾秋桐唾骂,借刀杀人,使得尤二姐十分痛苦、懊悔。王熙凤又买通胡太医,让尤二姐吞下打胎药后小产,导致尤二姐维系生命的最后一丝希望也断绝了,最终选择了吞金自杀。而凤姐故作姿态,伤心痛哭。这个故事使王熙凤心狠手辣的形象深入人心。

由此可见,你想要有什么样的宣传效果,就应当借什么样的故事讲话。

"四大名著"的成功就在于,讲好了一个个故事,塑造了一个个生动的人物形象,使人过目不忘。

第四节:小故事造出大品牌

经过前面的事例我们也已经知道,故事的力量不容小觑。正如"潮流观察"网站的创始人雷尼尔·艾佛斯所说："不管一件东西多么平凡无奇，只要你能提供一个关于它的好故事并使之流传开来，它的身价就能飙升。任何消费商品都能变成奢侈品，如顶级牛奶、顶级火柴以及顶级牙膏等。营销的作用就是化平凡为神奇。"很多时候，品牌之所以成为名牌，全靠背后有个小故事在推动。

卡地亚珠宝在欧洲宫廷声誉鹊起，威尔士亲王（1902年成为爱德华七世），褒奖卡地亚为"国王的珠宝商和珠宝商的国王"，并于1904年授予卡地亚作为英国宫廷供应商的一等英庭供货许可证。Cartier的设计以三兄弟环球旅行所发现的异国文明情调为特色。（注：Louis, Pierre 与 Jacques 这三位卡地亚的创始人喜爱周游世界）随着首饰王国的声名远播，卡地亚成为欧洲各国皇室的御用珠宝商，英国皇室曾向卡地亚订购27顶皇冠作加冕之用。此外，西班牙、葡萄牙、罗马尼亚、埃及、法国奥尔良王子家族、摩洛哥王子及阿尔巴尼亚的皇室亦委任卡地亚为皇家首饰商。

因此卡地亚也被誉为"珠宝商的皇帝，帝皇的珠宝商"。我们不去质疑卡地亚是否真实存在这些历史。但不得不承认，卡地亚一百多年以来一直以"贵族首饰"存在，只因它有一篇很长的"珠宝商的皇帝，帝皇的珠宝商"的故事。

蒂芙尼珠宝——蒂芙尼的创始人之一查尔斯·路易斯·蒂芙尼（CharlesLewis Tiffany）开创了用钻戒求婚的传统。虽然，早在1477年，奥地利大公 Maximillian 送给了他的新娘一枚钻戒，但当时这颗宝石只是按照早期的式样进行镶嵌，钻石的光华和亮丽完全没有得到充分的展现。1886年，蒂芙尼先生推出了他的首款订婚戒指，其突破性的设计赋予了钻石全新的光华，吸引了全世界的目光。最重要的是，这样的礼物被赋予了爱与终身承诺的终极象征，订婚戒指的内涵喻示着永不分离的结合，而璀璨宝石本身传达了一种找到共度一生的爱人时难以言表的奇妙感受。就像每一段爱情故事都不可复制一样，每一颗钻石都是独一无二的。这个故事让蒂芙尼的婚戒唯美动人，打动了众多情侣。加上查尔斯·路易斯·蒂芙尼 (Charles Lewis Tiffany) 的创业故事；1887 年查尔斯·刘易斯·蒂芙尼购得法国皇室珠宝 (French Crown Jewels) 的故事；电影《蒂芙尼的早餐》中身着经典黑色晚装的奥黛丽·赫本来到纽约第五大道的蒂芙尼店橱窗前，一边吃着早餐，一边以艳羡的目光望着蒂芙尼店中一切的故事，都为查尔斯·刘易斯·蒂芙尼在全球优质钻石市场稳居显赫的权威地位打好了良好的名牌基础。

除此之外，当然还有其诱人的销量。

据一位柜台销售员说，他曾经为一位即将结婚且不懂珠宝的好友介绍结婚钻戒。当时就是介绍卡地亚与蒂芙尼两个牌子的钻戒。因为当时刚入行，对卡地亚的历史还不是特别了解，只知道是一个很大的品牌。所以当时他只给好友讲了蒂芙尼《珠光宝气》的电影故事，同时也告诉他说，卡地亚也是一个非常大且历史悠久的品牌。最后朋友选择了蒂芙尼，问起原因，他说把这个故事连同蒂芙尼的钻戒一起送给女友，比送一个更贵的卡地亚钻戒更能让未婚妻感动，且他也希望能和未婚妻有这么美好的爱情。可见有吸引力的未必是品牌，而是品牌背后那个美丽的故事带来的无形价值。

故事成就品牌价值，也传播品牌价值，它的魅力就在于在故事里人们能轻易地实现他们的梦想，即便只是感觉。

一般来说，品牌的主要目的就是用情感和相关性将企业产品服务和消费者联系起来，为消费者创造一种迷人的、令人愉快和难以忘怀的消费体验。在企业的品牌发展战略中加入讲故事的原理，能够让品牌建设更加有效。

Miss Dior 背后也有一个美妙的故事。

凯瑟琳·迪奥 (Catherine Dior) 优雅地走进蒙田大街 30 号，匆匆走上旋梯，心中思考着哥哥迪奥先生梦想打造的全新香氛，一款能反映她的裙装灵魂的香氛。就在她打开迪奥工作室的大门，惊艳亮相，所有人的目光都被她深深吸引。此时，Christian Dior迪奥先生正与Mitzah Bricard女士在摆满了设计草图的桌子旁边。Mitzah抬头，凝视着凯瑟琳，以充满愉悦的口吻惊叹道："瞧，迪奥小姐来了！"迪奥先生立即说道："迪奥小姐，这就是我想要的香水名字！"

Miss Dior香水由此诞生，四字芳名，读来娓娓动听，一如迪奥先生对他妹妹的爱，柔美动人，亦传达着迪奥先生对花漾女子的畅想：一种更诱惑，更独特的魅力，在萧条战后重新焕起一种愉悦与闪耀的魅力。所有人都在好奇："谁是Miss Dior呢？"无疑，这个带有故事的品牌名成功引起了人们的兴趣和关注。

《可可·香奈儿的传奇一生》以创始人可可·香奈儿的个性、大事记这两样东西为主角，使香奈儿这一品牌深入人心。通过《可可·香奈儿的传奇一生》一书的故事讲述，人们知道了创始人最开始是抱着什么信念开始这个企业的、logo是怎么设计出来的、产品主色调的缘由、在哪里开了第N家店等等，对产品的内涵和品牌有了深入的认识。在品牌叙事中，Coco Chanel的故事就是品牌的故事，品牌的故事也是她的故事。顾客对Chanel这个品牌的迷恋很大程度上是对Coco Chanel女士的致敬，也是一种精神面貌的投射。如今，香奈儿不但是时尚界最举足轻重的品牌，Chanel Style更成为社交场上名女人优雅时髦品味的象征。

石头记作为石头饰品，能够成功，很大程度上得益于它有一个浪漫的名字和一个个关于产品的故事，这时候的石头记不再单纯的是饰品，而是上升为爱的信物；依云通过诞生的故事为自己的水注入贵族的血统，诉求上也不再强调人们应该选择好水，而是更注重这是一种生活方式的诉求；小小的ZIPPO打火机，因为丰富而多彩的故事，让男人们爱不释手……这都说明了故事营销可以促成品牌的快速成长，让品牌更具人性化，使人们了解故事的同时对品牌进行了深入的解读；故事营销又会促进产品的销售，给产品附加了一种光环，产生了一定的附加价值，使人们更加感性地去消费；故事营销又会成为企业内部的一种统一的价值体系，使人们的思维模式、价值观念和精神意识全部围绕在企业的品牌故事中，对外统一传播。

总体来讲，故事营销是一种促进企业发展、建立企业品牌、建立企业价值观并使消费者更容易接受的一种新的营销策略，而它最主要的作用就是快速推动品牌的推广，积累品牌效应。

现如今，越来越多的企业开始注重故事营销的重要性，他们会将企业创建过程中发生的一些事迹转化成一个美丽有内涵有文化的品牌故事。这对公司的营销起着正面积极的作用，对消费者造成一定的思维影响，并在消费者心中形成认可品牌的价值观和文化观。消费者一旦对品牌故事产生共鸣，便会对品牌产生信任感，并且不会轻易改变。

第五节：大品牌都在卖故事

彼得·古贝尔（Peter Guber），这位卖座电影如《蝙蝠侠》《雨人》《紫色姐妹花》《午夜快车》的制作人、加利福尼亚大学洛杉矶分校的长期教授，曾在《会讲才会赢：如何通过讲故事打动人心，赢得机会》一书中说："现今社会的每个人都是通过情感交流在做生意。因此，对于企业家来说，讲述令人信服的故事是促成生意的最好方式。掌握故事力，就能提升竞争力。"

人们普遍喜欢一切有情节的东西，当看到一出好戏，一篇好的新闻，人们会产生情绪上的反应，这是大脑接受资讯后开始产生的刺激，故事有时候对大脑的影响就好比"迷幻药"一般。

不少品牌深知这个道理，所以不断地创造和自己产品相关的故事，不断地以一种感性的方式将人们所喜爱的故事摆出来，吸引观众眼球，实现营销传奇。

星巴克在这点上大获全胜。

黄历相传由黄帝创制，在中国农历的基础上产生，主要内容为每天的吉凶宜忌、生肖运程。作为国际品牌，星巴克的一个宗旨是与当地建立联系，打破文化隔阂的背后，是让消费者建立起对售卖食品的亲切感和认同感。

春节、端午节、中秋节都是中国人特有的节日，也是与中国消费者建立深层联系的良好时机。除了月饼、星冰粽等应景的中国式食品，星巴克考虑的是如何在文化上建立沟通。借鉴中国老黄历的思路，2013年，星巴克推出一套30张"星历"，将中国传统预测婚嫁、出行、迁居以及其他事宜的吉利日期的方式用在"星历"中，于是有了"宜爱我、宜爬梯、宜小清新、宜抢票、宜批假、宜熊抱、宜引蛇出洞、宜开门红……"每一则"宜"都有一段生动的解释，"批假"的注解是：归家心切，老大懂的；乐而忘返，老大懂的；要是老大也请假，老大的老大也懂的。

"星历"是故事的引子，也就是剧情介绍。2014年2月6日至2月17日星历标注的故事主题是"宜交杯"，剧情解释是"亲爱的，和我交换一辈子桃花运，好不好"？接下来，星巴克退居幕后，顾客则在编导的剧情中不知不觉地走上前台，成为一个个故事的即兴表演者。

高端手表品牌百达翡丽的著名广告宣传词"开创属于自己的传统"早已成为明显的品牌标识。强烈的情感表达是该广告宣传活动长期以来备受推崇的主要原因，亦将百达翡丽的顾客信奉的人生价值与这一家族制表企业第四代掌门人信守的理念进行融合。

百达翡丽曾推出一则广告影片，生动展现出一块手表成为父子之间的情感纽带，讲出一个"代代相传"的故事。不论何种文化背景，这种真挚情感可以令每一对父子感同身受。经典的广告语"没有人能真正拥有百达翡丽，只不过为下一代保管而已"，将品牌的持久质感表达得朴素而又高贵。

厨房瑞典家具品牌宜家也很善于讲故事。宜家与MEC娱乐公司合作，在美国A&E电视台曾开辟了名为"改造我家厨房"（Fix this

Kitchen）的实景节目。在每一集约 30 分钟的节目中，制作单位会从主动报名的观众中，挑选适合改造的家庭，并观察他们的作息和兴趣，在五天内为这一家人打造专属的厨房。

每一集的节目中，制作单位都用宜家产品作为载体，将介绍宜家产品特色融入到为人们打造温馨厨房，带来翻天覆地大变化之中。即使观众都清楚知道节目是由宜家赞助制作，但实用的信息仍满足了消费者迫切的需求。根据 Latitude Research 的调查，在收看过节目的观众中，60% 认为宜家提供高质量产品，也有高达三分之二的人要改造厨房时，会考虑造访宜家，而这个节目更直接让宜家在线厨房设计软件的使用量提升 30%。

谷歌也讲了个细节型故事。

很多人一定没有注意到，谷歌悄悄更改了自己的 LOGO。新标志的变化十分细微，一般人很难看出来，其原有标识中的 G 和 l 稍稍挪动了一点位置，G 向右侧移动了一个像素，l 向右下方移动了一个像素。这个故事的标题为"99.9% 的人都没有发现的改动"，反而激发起大家去发现的"兴趣"，每个人都争相成为那 0.1% 的人。于是，一次改动成为了一个故事，一个故事成全了一次传播。谷歌把这个故事讲出来，同时也展现出品牌一丝不苟、精益求精的形象。

苹果也很会讲故事。

看到 iPhone 时，我们脑海中浮现的总是高端、时尚、土豪等词汇，这与苹果公司对于其品牌形象打造和产品定位不无关系，从乔布斯颠覆性地打破手机主要用来打电话发短信、让人们主要用来"玩手机"的时候，iPhone 就已经成为"打破常规"、"炫酷"的代名词。直到现在，iPhone 依然是旗舰手机的领航者和风向标，依然是各类时尚元素最喜欢联合的手机品牌。而 iPhone 还高度统一地在传递品牌形象，产品风格、包装风格、门店设计风格、广告风格甚至官网风格都是高度一致，保持简约时尚的特点。这种不断重复的品牌强调，换来的就是消费者的高度

好故事胜过千万营销高手

052

接受和认知的一致。苹果对于 iPhone 定位的清晰，手段的高明，投入的坚定，成就了 iPhone 的高附加品牌内涵。应该说，我们花了比硬件配置成本高几倍的价格购买的 iPhone，很多部分就是为品牌溢价买的单。

国爱堂也同样利用人们对历史上皇家饮食的天生兴趣，推出了历史名人篇故事宣传。

乾隆四十年（1775 年），参照陈氏的八珍糕配方和明代吴旻《扶寿精方》中二仙糕的配方，清宫太医院的御医又增减药味，调整分量，最终用人参、茯苓、莲子、白术、芡实、扁豆、薏米仁、藕粉、白糖、白米粉、制成糕剂，呈送给皇帝服用，从而得到乾隆帝的喜爱。

根据乾隆朝《上用有参底簿》中显示，乾隆四十一年（1776 年）二月十九日至八月十四日，皇上共用八珍糕四次，共用过二等人参八钱；乾隆五十二年（1787 年）十二月初九日起至五十三年（1788 年）十二月初三日，皇上共用过八珍糕九次，共用过四等人参四两五钱。再由清宫脉案及《用药底簿》获悉，此后到 80 多岁时，乾隆帝一直坚持服用八珍糕。也就是说，自乾隆帝 50 多岁始，药膳养生中就几乎没有离开过八珍糕，并嘱咐身边的太监，要"每日随着熬茶时送八珍糕"，足见其对八珍糕的重视和钟爱。

正是这些生动真实的故事，打动并说服了消费者，目前国爱堂八珍糕已成为淘宝上销量最大的品牌之一。

就在今年春节，百事也讲了个"带你一起怀一代人的旧"的故事。

"把乐带回家"是百事春节传播的固定主题，今年，借着猴年和如火如荼的《大圣归来》，百事打造了更有新意的"猴王精神"主题，不但为六小龄童拍摄了一支深度视频广告，还制作了两支表现面塑艺术家和《大圣归来》手稿作者的微电影。当然，作为大众心目中孙悟空本尊一般的六小龄童，吸引了更多的目光，随着广告传播之后爆发的"春晚居然不邀请六小龄童"事件，全民一起刷屏怀旧孙大圣，为六小龄童请愿，让猴王话题为百事带来了正向关注度。

特别值得一提的是，可口可乐"神秘配方"的故事。因为这个故事让人们"中毒太深"。

有一段时间网上传出了可口可乐的配方表，更有些人已经根据这份配方表配出了可口可乐，而据一些品尝过的人介绍，根据网上配方配制的可乐味道和可口可乐公司的可乐相差无二。

作为全球品牌价值第一的大公司，可口可乐的配方可以说是可口可乐公司最高的机密，据说可口可乐的配方是在亚特兰大的一家银行保险柜里，要打开这个保险柜，只有公司董事长、市长、可口可乐的指定继承人三个人同时到场才能打开，如果时间不对也不能打开。

流传最广的传闻是掌握配方的三个人，他们分别掌握了配方的三分之一，但是他们必须签署协议，绝不能将手中的配方泄露给其他人，更不允许乘坐同一架飞机，以防意外发生而导致配方失传。而在 2006 年，则更是发生了震惊世界的"可口可乐配方失窃案"，可口可乐总部的一名工作人员盗窃了配方，可是这个案子很快就被破获了。但是对于这次事件的真实性，很多人持有怀疑态度：可口可乐的配方哪有那么容易被人盗窃呢！

从可口可乐屡次配方泄密的事件来看，作为全球首屈一指的大公司，可口可乐公司似乎对自己的绝密信息保护得并不是太好。其实配方泄密正是可口可乐公司营销手段的高明之处，可口可乐公司不过是为了引起人们的关注而策划了这个故事。这完全可以从可口可乐公司进入中国市场的方式上看出。

1979 年，可口可乐公司获准向中国出售第一批瓶装可乐，但仅仅是在一些涉外饭店和旅游商店。这时候，可口可乐公司开始在媒体上做一些广告，广告并没有讲可口可乐多么好喝或者有营养，而是绘声绘色地讲了可口可乐配方的故事，尤其是夸大了一些在保护配方方面的手段，特别强调了配方被盗的故事。

由于当时在报纸上做广告还是很少见的事，因此可口可乐神秘配方的故事很快就在人们之间传开了，人们开始以能喝到可口可乐为时尚。随着配方故事的广为传播，不到几年，可口可乐就成了中国市场上最著名的品牌之一。

从可口可乐公司进军中国市场就可以看出，人们对可口可乐的喜欢并不仅仅是它的口感，更重要的一个原因是它带给人们的神秘感和配方背后的故事。

一种饮料，无论如何宣传，如果仅仅是靠口感来营销，难免有一天会被厌倦，毕竟众口难调，可是如果用故事来吸引人们，则会长久不衰，因为人们的好奇心是永恒的。

可口可乐显然很明白这个道理，它用配方的故事吊足了人们的胃口。可以说故事营销是可口可乐公司成为全球第一大公司的秘诀之一。

可口可乐的故事营销从没有停止过。从2010年开始，可口可乐在世界各地主导、策划了一系列事件，并将其制成视频放到网上传播。从早期"Happy Machine"（快乐贩卖机，美国）、"Happy Truck"（快乐卡车，奥地利），到后续更广地域、更深卷入度的"Expedia 206"（快乐征程206，全球范围）、"Share a Coke"（分享快乐的可乐，澳大利亚）、"Happiness Refill"（快乐灌装机，巴西）、"Happy Hug"（快乐的拥抱，新加坡）、"Happiness is home"（快乐是回家，菲律宾）等，创造了一系列有黏性的内容，围绕品牌核心讲述快乐的故事。

New Balance讲了一个李宗盛《致匠心》的故事，使其品牌格调又陡然升了一截；褚橙讲了一个褚时健老当益壮的故事，就将其他千千万万的橙子落下不知几条街；王石讲了一个登山的故事，为万科节省了三亿广告费，当然，好处还不止于此；海尔只讲了一个砸冰箱的故事，从而让人们认识了海尔，相信了海尔产品的品质……

可见，伟大的品牌之所以成就辉煌，正是因为其会卖故事。在现在的互联网时代，处处都是媒体，如果愿意，品牌还可以拥有一块"自留地"——自有媒体。人们可以利用微博、微信、淘宝页面、APP……来讲故事。

想成为品牌吗？那先来讲个好故事吧。

第六节：要卖出东西，先讲个好故事

从前面所列举的品牌和背后故事的关系我们可以知道，故事有着非常神奇的力量。

对于商家来说，卖出东西是我们的第一目的。有人强调"酒香不怕巷子深"，认为只要货真价实，便不怕无人问津，然而，如同营养价值高而色、香、味不足的餐饮很容易被人们拒绝一样，内在品质高而难以外显的东西容易被人忽略。于是现实中有很多高性价比的优质产品在市场竞争中败下阵来。对此，有人看到了宣传的重要性，倾向于对产品本身进行描述，对品牌进行宣传，直接地诉求与表达，但"真正懂你的人并不多"，陷入了沟通的"死胡同"。

只因为，庸俗广告中乏味的说教已经没有任何吸引力，巨额广告费只会在人们不断调换频道中白白浪费掉。如何让营销沟通更有吸引力呢？并不是关于好产品的信息人们都一定会感兴趣。对于普通人来说，人们的认知存在局限，因此营销宣传要正视观众的认知惰性，只有克服了人们的认知惰性，才有可能让观众认识到信息背后的内容。现如今，在繁杂的信息"围剿"下，人们只关注那些有血有肉、含有饱满情感内容的产品和品牌。

智威汤逊广告公司 CEO 唐锐涛曾经说：我们的目标是把"老鼠变成米老鼠"。"老鼠"是一般商品，很多，但人们不一定喜欢。可是米老鼠就不一样，虽然都是老鼠，但它可以给人们带来快乐，可以获得人们的热爱——米老鼠就是品牌。

这个变的过程就是讲故事。英文内容营销中流行一个词叫做 story

telling，直译成中文就是"讲故事"。几乎每一个成功的品牌背后都有一个精彩的故事。凡是成功的品牌，都很擅长"讲故事"，它们懂得如何把品牌的历史、内涵、精神向消费者娓娓道来，并在潜移默化中完成品牌理念的灌输。

Zippo 是世界排名第一的打火机制造商，至今没有任何一家打火机生产厂商能够撼动其霸主地位，这除了归功于其过硬的质量和出色的防伪设计以外，故事性沟通功不可没。Zippo 塑造出的一系列精彩故事：被鱼吞入肚中的打火机完好无损；越南战场上为安东尼挡住子弹救其性命；靠 Zippo 的火焰发出求救信号；甚至用打火机可以煮熟一锅粥……都给观众留下了深刻印象，增加了人们对 Zippo 品牌的好感。此外，像耐克、可口可乐、麦当劳、肯德基、万宝路、吉列、福特等也是依靠故事成就了卓越的品牌。

陕西白酒品牌"太白一壶藏"的打造也充分体现了这一点：据当地传说，达摩祖师在太白山修炼时，每天饮太白酒并创立醉拳，其中一个小徒弟抵不住酒香诱惑，偷偷将师傅的酒藏入一个小壶中到后山饮用；结果酒水不小心洒到泉水中，泉水立刻香气四溢，导致下游路人争相饮用。这个小故事成了"太白一壶藏"的品牌根基，在当地广为流传。

1985 年，海尔从德国引进了世界一流的冰箱生产线。但随后，有顾客反映海尔的冰箱存在质量问题，76 台海尔生产的"瑞雪"牌冰箱经检验不合格。当时人们的生活水平还不是很高，76 台冰箱对于企业也是很大一笔财产。厂里职工对这些冰箱的去留看法不同，有人主张低价卖给职工，有人主张修好后重新投入市场。但张瑞敏举起大锤，果断命令当众砸毁了这些不合格冰箱。正是这一砸，砸醒了职工的质量意识，也正是这一砸，砸出了海尔的信誉。之后海尔狠抓质量，而砸冰箱的这个故事更是被广为传播，其"真诚到永远"的企业理念得到了广泛消费者的认同，最终海尔实现了飞跃。

这些宣传案例其实都采用了故事营销的机理。故事营销是企业利用演义后的企业相关事件、人物传奇经历、历史文化故事或者杜撰的传说故事，激起消费者的兴趣与共鸣，提高消费者对品牌关键属性认可度的营销和沟通方式。

为什么故事营销可行？早有人对此做过探讨。EdwardWachtman 和 ShereeL.Johnson 认为故事具有说服力的原因在于：

故事能够教育人们。故事是一种传播知识的重要途径，很多古代的知识就是通过故事的方式被传播。故事能够有效地教育人们，改变人们的认知。

故事能够凝聚人们。分享相同的故事也就是在分享相同的信仰和体验，使得人们形成共同的价值观，找到彼此的归属感。

故事能够赋予意义。故事能够让我们以一种更广阔的视角来审视我们的生活，能够赋予平凡的生活和行为以更广泛的意义。

故事能够激发行为。故事能够激发人们的情感，从而激发人们的行为，故事的感性能够驱动人们的理性行为。

故事更容易被记忆。由于故事情节的生动性，从而使故事比一般琐碎的信息更容易被人们记忆，更容易被传播。

心理学研究表明，理性的行为往往是由感性的因素来驱动的，人是感性人，会因故事引发的感性来驱动其理性的行为。故事能够将沟通内容从单纯的产品或品牌扩展到更容易启发人们共鸣的情感和象征，通过特定的故事将产品人性化，让人不知不觉地从思想、情感上认可并最终接受观念或产品。相较营销理论的生硬而教条、理论性强、内容抽象、使人昏昏欲睡等特征，故事以通俗易懂、生动活泼、易于流传、为人们喜闻乐见等优势，自然会受到热捧。

如斯蒂芬·丹宁得出的结论："讲故事能够达到多种目的，包括激发行动、展示自我、传播价值观、鼓励协作、消除谣言、分享知识和勾画未来等。"其中的"激发行动"、"展示自我"和"传播价值观"非常适用于营销领域。

梅西百货的营销其实就是通过卖故事实现的。梅西百货善于利用消费者内心的爱，举办一系列线上线下的活动，完美地做到了整合营销。一年一度的梅西百货感恩节大游行就是其中一个典范。

感恩节这天的清晨，大约在上午九点左右，Macy's（梅西百货公司）的员工们便化装成各式各样的卡通人物，沿着第七大道，从145街向南一直走到梅西百货总部所在地的34街。员工们化装成小丑、超人、骑士，形形色色、有趣至极。

巨型卡通形象气球方队是梅西感恩节游行的重头戏之一，人们可以看到海绵宝宝、绿巨人、蓝精灵、皮卡丘、史努比样子的巨型气球。这些大气球高几层楼，即使不站在队伍的前排，也能清楚地看到。每当这些大气球经过时，人们都会尖叫、鼓掌和欢呼。孩子们坐在爸爸的肩膀上，快乐地拍着小手；恋人们拥抱在一起，和可爱的大热气球合照。现场的气氛非常热烈。

感恩节在每年11月的第四个星期四，是美国最古老的传统节日。为了感恩上帝赐予的丰收，这一天，全美国人民合家欢聚。感恩节晚宴的

餐桌上最常见的食物，大家可能都很清楚：火鸡和南瓜。饭后，人们会做一些传统的游戏，比如跳舞和南瓜赛跑。还有一项庆祝活动也必不可少，那就是在每个感恩节当天晚上，涌入各大商场和超市购物，提前开始血拼"黑色星期五"（BlackFriday）。

据NBC新闻报道，2014年感恩节当晚6点，梅西百货公司开放感恩节大抢购。超过15000人在梅西百货门口排队，创造了纪录，远远超过了竞争对手。当晚，梅西百货的打折力度很大，全场奢侈品牌包括CalvinKlein(CK)、NineWest(九西)、MichaelKors(迈克柯尔)、Levis(李维斯)、Shiseido(资生堂)，在原已打折的基础上再额外打7.5折至8折。为了刺激消费，店内还有满50减20的活动。这一晚，顾客花40美金就可以买到一件百分之百名牌的羊绒衫，花6.99美金就可以买到一个RalphLauren(拉夫劳伦)的羽绒枕头。商场里的人如同疯了般血拼，就好像货品免费一般疯抢着。不到半小时，货架上的东西就全被抢空。同时，家附近没有梅西百货店面、或不想出门排队的顾客也可以在梅西百货官方网站上购物。虽然打折的产品和实体店不同，但有的商品网上折扣比实体店还大，这大大刺激了网上购物。

黑色星期五是传统的促销日，其他百货公司和零售商们也都在进行着大力度的促销。那么，是什么给梅西百货带来如此多的消费者呢？

其实梅西百货的感恩节游行和它冬季浪漫的橱窗展览早已成为纽约的文化了。在节假日购物热潮开始之前，梅西百货就已经通过一系列活动扩大了品牌影响力。梅西百货洞察到消费者内心深处的渴望，不断地提醒着消费者节假日去梅西百货购物。

梅西卖的不光是产品，更是和家人一起共度美好时光的愿望。在忙碌的今天，辛苦的上班族们和家人共度的时光越来越少，大多数人甚至没有时间回家过年节梅西感恩节游行给一代又一代的美国人，带来了喜悦和美好的回忆。感恩节当天，和家人一起去曼哈顿看游行，似乎已经成了纽约感恩节的一个传统。根据统计，梅西百货的感恩节游行是除美国橄榄球超级比赛外，全美收看人数最多的活动。而这个活动是由这一家公司发起、并出全资赞助的。在游行开始和结束的几天之内，所有主流媒体、家家户户、男女老少全都在讨论着这场游行，而讨论过程中难免会提到梅西百货这个名字。这样的宣传力度是任何国内的公司望尘莫及的。

除了大游行，梅西百货还通过橱窗展和梅西儿童基金会与消费者沟通。每年冬天来临时，梅西百货都会在曼哈顿旗舰店举办橱窗展览。每一个橱窗里，都在诉说一个关于圣诞节的美丽故事。梅西百货结合社交网络来宣传橱窗展览，人们可以在各大社交网站看到最新的大游行的视频和橱窗展的照片，同时还有打折信息推送。每一天，都有成千上万人来到橱窗展门口拍照，上传到社交网络，分享给朋友，分享给世界。而通过橱窗展览赢得的软媒体和软广告效果非凡。

为了吸引家里有小孩的消费群体，孩子们可以到梅西百货的官方网站写下愿望，而梅西百货每38分钟就会实现一个孩子的愿望。孩子们还可以通过梅西官网写信给圣诞老人，每收到一封信，梅西就会捐赠一美元给梅西儿童基金会。

在这样一个美丽的季节，窗外飘着雪花，人们在感恩节游行的大热气球下拍照留念，一起和家人去看橱窗展，和最心爱的人倾听梅西百货的传说。这是梅西百货给美国带来的节日传统。

在很多营销成功的案例里，我们能看到很多营销诉求感情，对家人的爱、对孩子的爱、与恋人之间的互动、与朋友分享快乐等等。这些营销通过接触消费者的内心，找到他们心底最深处的渴望，对家人也好、对生活也好、对社会也好，找到这个情感点，从而直击消费者的内心。

一个没有故事的社会，必定是充满僵硬和愚昧的。商品也是一样，在当今这个信息快餐化的时代，有故事的品牌才有市场向心力。营销最大的关键点就是想方设法引导受众的情绪，使之产生行为冲动。如何引导受众的情绪，最简单有效的方法就是——讲一个动听的故事。

不论讲述的故事是真有其事，还是营销者刻意编造的，核心的一点是，故事必须能引起听者的共鸣。只要是能给大众传递一种感受，且具有感染力的故事，就能成为品牌营销的"得力助手"。在如今这个故事为王的时代，人人都在卖故事，差别在于故事之间存在着明显的优劣之分。

所以，聪明的商人都知道，未来是个故事营销的时代，要做好营销卖出东西，就要懂得卖故事。所谓卖故事，其实就是在挖掘品牌的潜在价值，以及品牌本身最具吸引力的部分。如果能找到这些点，便可对消费者"对症下药"，借助所讲的故事，一击即中消费者的"软肋"，令其心甘情愿地为好故事所俘虏，为故事背后的品牌买单。

品牌故事并不仅是品牌传播2.0时代的产物，实际上，自从人类发展到商业社会，故事就一直伴随着商业和品牌的发展，但时至今日，会不会给品牌讲故事和会不会让消费者为品牌讲故事，决定了品牌传播是否有效，也最终影响了品牌的生存和发展。当然，企业也不能为了讲故事而讲故事，而是要为了有效沟通而讲故事。任何沟通都需要有明确的主题，通过故事营销来塑造品牌，需要故事的主题能够体现品牌的诉求。情节能够增加趣味性，但不能为了增加趣味性而偏离或淹没主题。

第三章
这些"牛人"都在讲故事

第一节：故事打造的那些"网红"

"网红"何以名扬天下，被大众所识？通过观察我们不难发现，每一个"网红"都是因其"奇特"的故事传播而得以蹿红。因为故事，让人认识并记住了故事的主角。

说到网红，我们脑袋首先冒出了"凤姐"。

罗玉凤在猫扑社区发表帖子《我想找个北大清华男结婚》，列了七个征婚条件，说明要找北大清华硕士、经济学专业、有国际视野、身高1米76至1米83、无生育历史、东部沿海户籍、年龄25至28岁。罗玉凤也相当坦白地列出了自己的条件："身高1米46，平时穿高跟鞋1米53、大专文凭、博览群书、较为狂妄。"自身条件与对男方要求的差距对比十分强烈。

过了几天，罗玉凤又再次贴出了自己征婚的结果，声称"有中国人民银行、花旗银行、渣打银行、汇丰银行、交通银行、中国人寿、友邦保险等金融公司驻中国区首席执行官向我表达爱意，愿意与我结婚，而本人觉得他们年老色衰，说不定今天结婚，明天就死掉了，所以不愿意"。

接下来罗玉凤开始在上海陆家嘴附近发传单征婚，引起了上海当地媒体的注意，罗玉凤在接受上海媒体访问时解释："聪明是征婚条件中最重要的一条，我阅人无数，少说两三百人，通过我的比较，北大和清华毕业的人比一般人聪明。"经过了媒体的报道，罗玉凤在宽带山等上海本地论坛里被称为"陆家嘴征婚女"。如此征婚，各种雷言囧语的层出不穷，让罗玉凤因这些"荒诞"而备受关注，她也因此受邀上了不少电视节目。

现在，网友称她为"凤姐"，并打出口号"信凤姐，得自信"！网友开始PS凤姐，凤姐从而成为网络红人！

我们可以看到，凤姐之所走红，就是因为她"狂妄征婚"的故事被众人津津乐道，被不断传播，故事刻画了她狂妄大胆、不切实际的生动形象，因而成功引起了大众网民的关注，成为新的焦点，成功地将自己通过网络营销了出去，成了网红。

"回忆专用小马甲"的走红源于一个思念前女友，借宠物抒情故事的传播。开始博主"马建国"（该名字为网民所取）因对其前女友过于思念，便经常在"回忆专用小马甲"微博上表达对她的思念之情，期间马建国放过两只萌宠萨摩耶"妞妞"及折耳猫"端午"的生活记录与各种萌照的照片，引起广大网友的关注。他发现自己的两只宠物十分受大家喜爱后，"回忆专用小马甲"微博账号便逐渐成了"妞妞"和"端午"的专门微博。如今在博主的经营下，"回忆专用小马甲"粉丝量已达2600多万，成为大多数宠物爱好者都有关注的微博账号。

丁一晨的走红源于营销"憷逼学生"生活的故事。丁一晨是原创漫画形象丁小点"作者"的，毕业于天津师范大学中文系。她自小跟随父亲学习绘画、书法，业余爱好广泛，擅长写作、街舞、手风琴。从小学起，丁一晨就在报刊杂志上发表许多文章与绘画作品，从小一直坚持绘画和写作的习惯，铺垫了她以后的漫画道路。2011年2月，她在人人网以漫画形象丁小点为主角发表一套漫画作品《开学了，又要过这种日子了》，一周内点击量超过20万次。从此，丁一晨走上了漫画道路，制作出《高考系列漫画》《开学了，又要过这种日子了》《我的爸爸是世界上最普通的爸爸》《这一年，我们没有开学》等一系列漫画，而在漫画故事的传播中，人们记住了故事的营销者——丁一晨。2016年3月，丁一晨位列2015网红排行榜第40位。

"芙蓉姐姐"的走红是一个关于屌丝逆袭的故事。芙蓉姐姐最早出现在水木清华、北大未名和MOP网站上。她在2004年开始在水木清华

BBS发表大量挑战人们传统审美的个人照片。因此，一个毫无自知之明的、不分美丑的故事受到大量网友的传播，芙蓉姐姐也在大众的揶揄和嘲讽中出名。

芙蓉姐姐之所以称自己为芙蓉，因其自认为从出道至今（即2013年）一直是个冰清玉洁的女孩，也是有出淤泥而不染的用意。

由于有心人介入帮其进行商业化操作，芙蓉姐姐从原来的网络秀走向网络媒体，得到了平面、电视等传统媒体的普遍关注。她先是接拍了网络短剧《打劫》，随后又入围某演员角色海选，这使得她逐步走近娱乐圈，让自己从原来的网络秀走向网络媒体，从网上烧到了大众的现实生活中，一时之间街知巷闻。随后大大小小的公司、媒体也开始和其接触，这使得她名气大噪。逐步走近娱乐圈的她，参加各种商业活动，出场费在二十万元人民币以上。无疑，她用夸张怪诞的个人故事成功包装了自己，推销了自己。

"追风少年刘全有"的走红靠的是卖段子手的故事。最开始的时候刘全有只是一个普通的微博社交号而已，但是突然他开始了疯狂的点赞，然后就有人开始注意这个家伙了，很多人甚至开始好奇为什么这个人会如此点赞，当大家开始对他好奇之后，刘全有开始在微博中卖傻逗乐大家，最后他开始在微博写段子，段子写得非常有意思又搞笑，因而开始被更多的人关注，于是渐渐地就红起来了。

美国时间2016年2月28日晚8点半，北京时间周一上午，第88届奥斯卡颁奖典礼即将上演。在颁奖结果正式揭晓之前，"圈里人"都对"最佳男/女主角"、"最佳影片"三个奖项花落谁家高度关注。在小李子数次被提名但最终都落选的情况下，网红追风少年刘全有调侃："小李子每年参加奥斯卡如同在考英语四六级。"

如此一个轻松的"段子"让人关注到了实力派小李子每年参加奥斯卡落寞败北而让观众为之遗憾不已的事，让人感受到刘全有冷幽默背后的真内涵。

每一个"网红"背后都有一个故事。正是因为故事的传播，故事本身具有的吸引力，才能引起轰动效应，才使人物形象深入人心，引起关注。

2013年4月，"天才小熊猫"张建伟辞去工作时，他创作段子的广告收入就已经超过了他此前的薪水；如今，他的报价增了十几倍，达到六位数。作为公认的业界第一人，天才小熊猫有着特殊的工作原则：不保证传播效果，不接受甲方修改意见，只接受打包价格——作为白洱旗下的头牌，客户如果想选他，就必须同时购买其他段子手的转发服务。而他"任性"的底气来自于他的身价，他的身价是由他营销的故事拔高的。

"千万不要用猫设置手机解锁密码"是一条典型的"天才小熊猫式段子"：主人公在把玩一台指纹解锁手机时，使用了猫的指纹。当晚，他忘了给手机充电，于是第二天不得不抱着一只猫跑入公司上班。在经历了被地铁拒载、被出租车司机嘲笑、被同事围观的一系列挫折后，噩梦没有结束，由于PPT文件存在手机里，开会时，他不得不在众目睽睽之下，再一次展示用猫爪来解锁的秀逗行为。

其实，这是一条手机广告里讲述的有趣故事。就是这个故事引来了粉丝们的哈哈大笑，给他们带来了快乐的享受。最终，这个故事被转发17万次，阅读近亿次。

天才小熊猫在一开始露出产品的做法，之所以能得到读者的认可，原因就在于他找到了一种很巧妙的解决办法——把产品作为故事的道具，参与到故事之中。这么一来，反复提及产品也就变得顺理成章，自然而然了。

"网红"是平民大众成功自我营销后的结果。没有人会平白无故地去记住一张脸，必须要有故事作为载体来进行传播，才能真正进入网民的视野。

好故事胜过千万营销高手

第二节：会讲故事的企业家才是赢家

不少企业家也有了"网红"那样的曝光意识，逐渐意识到了讲故事的重要性，明白只有借用故事，才能更好地扩大自己的知名度，增加产品的吸引力。只有用故事包装产品，才能畅通将产品送到客户面前的渠道。

张瑞敏说："提出新的经营理念并不算太难，但要让人们都认同这一新理念，那才是最困难的。《圣经》为什么在西方深入人心？靠的就是里面一个个生动的故事。推广某个理念，讲故事可能是一种有效方式。"这番话，把讲故事推动管理工作的意义说透了。

大多数人对于其经常接触的事物、令其感动的故事以及那些具有激励作用的事物都会比较关心。人们往往会基于情感而做出决定，而后才会去寻找支撑这些决定的理据。不在讲故事中爆发，就在沉默中死亡，对于每一个企业家来说，学习如何运用故事与现实相结合来表达其价值主张，都是十分有必要的，而这些故事往往都来自于他们的亲身经历和情感世界。高明的企业家会通过讲各种各样的故事，将企业的品牌理念、企业文化、产品信息、服务水平、员工素质等信息进行无形宣传。

当年马云凭借一个设想，会面 15 分钟，就从孙正义那里募得 2000 万美元。任正非则凭借华为独特的创新体系的故事，一举拿下贷款、信用证、贸易融资、保函及其他形式的资金融通和信用支持。史玉柱同样守住了客户与创新，创造了中国公司在华尔街的传奇。海尔凭借《海尔的故事与哲理》一书，成功地讲出了在海尔内发生的真实故事。此后这本书不仅成为了海尔内传播企业文化、进行员工培训的有效工具，更成为了他们对外介绍企业、树立企业形象的窗口，并很快成为了当今海尔管理思想最具传播性的读物，也成为了靠近客户的有效介质。

马修斯说："没有故事的企业没有未来。"故事是让我们了解这个世界的"窗口",也是我们为何热爱戏剧、图书、电影和电视剧等娱乐项目的原因。实际上,讲述真实经历的人和组织,更有可能与公众建立一种契约关系,不论是在经理给员工下达命令时,还是在用精彩的广告活动推广某个品牌时。

从政治家本杰明·富兰克林到索尼的盛田昭夫,再到美国西南航空的赫布·凯莱赫,他们每个人都用自己的方式,用一个梦想的故事与所有股东联系在一起,用一项共同的事业使员工、供应商、银行家、投资者和客户团结到一起。他们并非炒作高手,而是优秀的倡导者,他们激发了人们的想象力,并赢得了衷心的拥护。

"褚橙"之所以风靡一时,也完全是因为有"励志橙"的感人故事。一个从"烟王"到"橙王"的华丽转身,一个75岁的老人如何花10年的时间从一个阶下囚到企业家转变,一个如何面对女儿在狱中自杀身亡的残酷现实,一个如何让王石这样的企业家大为感慨、深深佩服的老人勇气,这里面的曲折、艰辛本身具有的故事性太强了,因此,褚橙也通过口碑传播成为故事营销的一个经典案例。

管理学家约翰·P·科特曾说:"不会讲故事的企业家就不会管理。"

美国著名未来学家马修斯说:在一家公司正式成立或一笔交易达成之前,在任何一种语言里,最强大的9个字都是"让我给你讲个故事吧"。

正泰集团股份有限公司董事长南存辉就特别具备讲故事的能力,进入正泰集团追随南存辉近20年的廖毅把他在各个场合所记录的南存辉"语录"集结成《南存辉讲故事》一书。

"南董是个有故事的人,也是个会讲故事的人。"这是廖毅对他的老板南存辉的评价。"每位企业家都有自己的说话风格,南存辉的风格是喜欢讲故事。"有人说道。

南存辉确实是个分分钟就能启动讲故事模式的企业家。他在《南存辉讲故事》的新书首发式现场就讲起了故事。有记者将之记录如下:

"我是温州柳市人,小时候跟着我们村里一起玩的朋友学成了'口吃'，到后来办企业要发言就很紧张，脑子一片空白不知道说什么。"如今的南存辉早已可以对曾经面红耳赤的尴尬谈笑风生，但正如他希望通过新书传递的，"我希望自己所说的故事能对青年朋友有帮助。现在许多年轻人也遇到诸如此类的问题，我想对他们说的也跟当时别人对我说的一样：'没关系，慢慢来'。"

而当现场记者问到关于新书的内容，"书里有我们这些年来经历的困难和喜悦，有别人关心我们的故事，也有我们关心别人的故事。"南存辉称，"这本书的前半段时间比较早，处于创业初期的读者有需要可以多翻翻；后面的内容比较新，是正泰成为集团并走上转型创新及国际化之后的一些故事。"

南存辉讲故事的高水平推动他一次次取得了不凡的业绩，使他成为世人公认的"浙南模式"的积极探索者和杰出代表，被誉为"中国新兴民企代言人"，并被《中国青年》杂志评选为"可能影响中国21世纪的中国青年人物"之一。

许多成功的企业家都是讲故事的高手。他们通过不断地讲企业技术、产品、产品功能的实现以及意义的故事，创造了让人艳羡的商业帝国。他们四处游说、由近及远，给属下讲故事、给董事会讲故事、给团队讲故事、给相关利益者讲故事、给世界讲故事。故事讲好了，所有利益相关者听了都兴奋，于是便把企业打造成了一个成功的企业，也实现了让其企业品牌声名远扬的目的。

阿里巴巴和马云是一个故事；迪士尼是讲不完的一个故事；乔布斯与苹果是一个让全世界屏住呼吸倾听的故事……这些无不证明会讲故事的企业家才是人生赢家。

第三节：人们记住了这些会讲故事的人

一个会讲故事的人是充满人格魅力的。不信你看，小时候我们喜欢围住靠近的"孩子王"经常会讲各种动听的故事；员工特别敬仰崇拜的老板一般具有幽默细胞，能将生动的故事有趣地说出来；一个浑身光环的人，身上一定有某些动人的故事被传播开来……

一句话：会讲故事的人都是自带光芒的。我们往往是先爱上一个故事，再爱上故事里的人。

郎朗，国际著名钢琴家，1982年生于辽宁省沈阳市，满族人。郎朗被《芝加哥论坛》誉为这个时代最伟大的年轻音乐家。同时，他是美国《人物》评选"20位将改变世界的年轻人"之一，是受聘于世界顶级的柏林爱乐乐团和美国五大交响乐团的第一位中国钢琴家。对于这么一位了不起的音乐家，懂音乐的人自然崇拜得不得了，将之奉为偶像也是自然而然的事。但是对于不懂音乐的人而言，怎么会踊跃地去听朗朗的演唱会呢？

辰麦通太的伍英总经理说，她不太懂音乐，所以一开始对郎朗的音乐之名并没有太"感冒"。然而，那本《郎朗，千里之行：我的故事》所讲的故事改变了她，使她之后无论票价多贵，都要买票去看那个音乐天才的表演。因为她知道，这个天才少年的每一场演出都是用生命在弹唱。这是书中那个"郎朗曾被逼自杀"的故事告诉她的。书中完整地记载了这个故事：

在一个闷热的夏天，屋里没有风扇，更没有空调，幼小的郎朗坐在钢琴边一弹就是10多个小时。"郎爸"告诉记者，郎朗从小就有着同龄人少有的刻苦，因此，他的成功也注定缘自勤奋。

13岁的郎朗获得柴科夫斯基钢琴比赛第一名后，他的"好日子"就已经开始了。郎朗和辞去公职的父亲郎国任租住在北京白纸坊一幢条件简陋的二层筒子楼里，厨房、厕所都是公用的。父子俩挤在一居室里，除了一套好一点儿的音响和一台必备的星海牌钢琴之外，连电视机都没有。这是父子俩刻意营造出的紧张、充实的奋斗环境。郎朗每天过着学校和家两点一线的学生生活，上午到校学习文化课，下午在教师赵屏国的指导下练琴。上完一天的课，郎朗和所有双职工家庭的孩子一样，背着书包，揣着公共汽车月票往家赶。到家后，郎朗要在那台星海牌钢琴上继续练琴。父亲要是回来晚了，郎朗就会一个人到小铺里花几块钱买碗粥、一屉小笼包填饱肚子。

郎朗的求学之路也有心酸。虽然拼命苦练，但郎朗意外地遭到了钢琴老师的当头棒喝，"钢琴老师不喜欢我，每天都在说你不可能成为钢琴家，劝我回沈阳算了"。一系列的挫折和求学条件的窘迫曾让"郎爸"的精神陷入了一种濒于崩溃的地步，当他再无法面对这一切的时候，他对郎朗说出自己的想法，"给你三个选择，第一是回沈阳，第二是跳楼，第三是吃药"。郎朗在听到父亲给自己的选择时，"我当时完全不知道该怎么办，心想跳楼太恐怖了，就说那吃药吧"。

"等到开始吃的时候，我突然意识到这是一个令我讨厌的世界，但我不想吃药，然后我就拿着药扔向我爸，说你吃吧，我才不吃呢。然后我爸开始打我，我也头一次反抗，然后我开始骂钢琴骂北京，把所有不高兴的事情都骂出来。"郎朗说。

据书中记录，父亲的偏激虽然当时给郎朗造成了心灵的创伤，但同时强化了郎朗不做第二名，只能做第一名的强烈愿望。此后朗朗在这个决心下，不断地苦练，不断地涅槃，不断地走向自己的人生目标。"因为受过死的威胁，被死亡推着前进的人是不可能懈怠的，所以他弹的琴绝对展示了对得起观众的完美，因而一定是值得去欣赏的。"伍英颇有感慨地说，"我开始时可以说对郎朗的认识都非常模糊，但是看了《郎朗，千里之行：我的故事》这书后，突然觉得郎朗离自己特别近，因为我了解了他的经历，也懂得了他的音乐，并被他故事里传达的力量所震撼，去看他的钢琴演奏时仿佛能够感受到手指与命运的触碰。"

故事让不喜音乐的人用心去解读了一位音乐人,其力量之强确实不可估量。

让笔者颇有触动的还有刘强东的唯一署名书《刘强东自述:我的经营模式》。

《刘强东自述:我的经营模式》全面讲述京东如何从一个小柜台,成长为中国收入规模最大的互联网企业的故事。其中书中披露一个故事情节打动了很多读者,引起了不小的轰动。

"现在很多创业者和公司,包括团购、O2O 等等,总是希望把行业内所有的竞争对手都灭掉,只留下他一家,然后拼命地打价格、打补贴,甚至公关战等等,总是试图灭掉老二老三,这是很危险的,也是很可怕的、不正确的思想。"

刘强东以当年风云变幻的商战经历阐述了他的这一策略:

"在 2009 年之前,我们当时主要的竞争对手是新蛋和易迅,那时京东是做 IT 数码的,新蛋已经在美国做了 20 亿美金的销售额,2001 年进入中国,京东 2004 年开始做,易迅 2005 年开始。

"2009 年之前,市场上新蛋是老大,京东是老二,易迅是老三。

"大概到了 2007 年、2008 年的时候,实际上我们就超过了新蛋,新蛋有一段时间都准备要退出中国市场了。

"当我们超过新蛋成为老大的时候,有一天开早会,我大概花了半个小时给大家讲解我们要保护好老二老三。

"因为有老二老三在,那么其他电商玩家就不会再轻易进入 IT 数码这个领域了,因为京东、新蛋、易迅三家的品牌、价格、送货速度,各方面都已经很强了,在这个行业里你找不到任何的立足之地,这样反而给了京东一个机会,伴随着我们的竞争优势越来越强,我们逐步扩展到了全品类,形成了现在的市场地位。

"2008 年时,易迅在拿到第一轮融资之前出了点问题,在谈什么时候京东投它，我知道易迅肯定是走投无路了，只有在被逼到一定程度的时候，你才能让竞争对手投你。

"当时很多股东说既然竞争对手出了问题，正是把他灭掉的最好时机，我们应该把价格压得更低，让他死得更快一点。否则一旦他拿到融资，等他缓过来就会对我们形成长时间的竞争关系，导致我们处于不利地位。

"当时我就把这个理论详细地讲了一次。然后我要求营销部门，所有的价格、营销策略都不再针对易迅，一定要让易迅活下来，一定不能让它倒闭，老竞争对手其实不可怕。

"我们当时大概有三四个月的时间，对易迅的竞争价格没有回应，甚至故意给易迅留一个很好的空间，也正是因为这三四个月暗暗地保护易迅，后来易迅才得以活下来。"

为什么要"保护老二老三"，从刘强东的书中不难看出：

一、市场需要竞争

尽管很多企业口号这么喊，但骨子里一直都希望市场上就它一家，不要有竞争对手，这样它自己就能够获取丰厚的利润。但其实，如果市场上没有竞争的话，我相信你企业任何的运营、流程、体系，你的创新都会缺失。因为你没有任何竞争意识和压力，没有压力就不可能有创新。创新其实都是逼出来的，走投无路没有办法的时候，才能想到一种办法去解决。

所以市场需要竞争，竞争有利于自己的"强身健体"。就像一个人跑步一样，如果别人都不跑步，全天下就只有你一个人会走，我相信你走的路一定很难看。而且你奔跑的速度，也永远别指望百米冲刺跑个几秒钟就到了，这样快的速度就不会再存在了。

二、保护好老二老三也是保护好自己

如果市场上没有第二名、第三名的话，实际上对你自己是很可怕的，你的市场地位时时刻刻可能会出问题。

为什么？因为企业家都有本能的扩张心态，很多企业家都会寻找这个机会。当他发现一个行业竟然只有一个 player，没有第二名第三名的时候，那么无数新的进入者、这些手里有钱的企业，都会在想："这个机会太好了，我进去之后哪怕成为不了第一，那第二第三也有价值啊。"

因为任何一个行业，一般来讲都能够存在前三名。第一名可能生存空间很高，价值也很大，第二名、第三名当然也有一定生存空间和发展机会，所以如果市场上把所有的竞争对手都打死了，只有你一家的时候，也就是你在引诱着周围无数跟你不是同行的企业，纷纷进入这个市场。可能要不了几年，市场由只有你一家，瞬间变成几十家、几百家，很快他们就会把你的行业给搞混乱，然后你就会面临非常残酷的、非理性的过度竞争，这些反过来有可能给你造成致命的打击。

而且市场上如果长期没有竞争对手的话，你自身的运营能力也会变得比较差。新进入者可能带来更多的钱，带来更好的创新，在各方面的运营参数都会跟你形成竞争并迅速超过你，所以保护好老二老三也是保护自己。

刘强东自述了这个故事后，引起了人们的普遍点赞，最终都反馈到了市场上。因为人们都知道，这种保护竞争对手的意识是需要有宽广胸襟、长远目光、智慧大脑的人才能具备的。而透过这个故事，不少人看到了刘强东的远见卓识和伟大胸襟，领略了一个成功企业家的风采和人格魅力，一个有着这样优质人格魅力的企业家，他的产品绝对是值得信赖的。

自从人们有了讲故事的意识后，企业家出书讲故事早已不是个稀奇事。而且许多成功的企业家都保持着旺盛创造力、极其敏锐的头脑和极其柔软的心，通过图书用讲故事的方法推动自己走向了更大的成功。

潘石屹也借《我用一生去寻找》一书讲了个精彩的故事。

《我用一生去寻找》勇敢地抛出了"一个东方觉悟者，一部当代《论语》"两句极具"杀伤力"的广告词。在书中潘石屹并未以成功者自居，毫无说教之态。他只是平实地讲述着一个个故事，从自己的现实经验说起，如何获得人际关系、如何保持工作激情、如何通过磋商达成合作、如何办好企业……书中处处充满真知灼见。在全部坦诚了自己的成功经验之后，潘石屹延续务实的理想主义者的思考逻辑，放眼未来，对渐呈趋势的"未来新世界"作出了不同凡响的描述。他也反思自己的成功以及成功之后的迷茫，寻找一条从物质到精神的解放之路。

这本书被称为十年内难以超越的励志书。里面一个个生动的故事点亮了很多人的人生：刚刚走出校门的大学生，可以从中学到潘石屹的人际关系经验；为事业打拼的都市白领，可以研习潘石屹的工作理论和所谓磋商学；小有成就的企业老板，更可以借鉴潘石屹最珍贵的企业管理经验……当然，看过里面故事的人都深入了解了潘石屹的为人，也都被他坚强自信的人格魅力所折服。

王石也是会讲故事的代表。他2000年开始写专栏，2002年开始写博客，他一直有写东西的习惯，并且坚持写自己的东西。而后他干脆写了个长篇故事，出了《道路与梦想》一书。既然出书，就担心销售量，王石说："从虚荣的角度来说，出书后自然希望得到别人的认可，不过我一不是作家，不怕别人议论写的质量如何，二不需要担心书的经济利益。但我希望销量好，是因为希望将自己在旅途中的见闻、思想的变化和思考的内容与人分享，这是我的目的。"书中王石不仅以坦率而诚挚的方式讲述了他的人生风雨历程，回顾了万科二十年的成长故事，更描绘了他对万科未来的憧憬。这本书记叙了中国企业家中一位领袖人物的人生心路，也真实记录了一个企业成长的真实经历。

人们从这个故事中，看到了王石坚强的意志和不懈的精神。他勇敢登山、勇攀高峰的故事，让人们相信这是一位在人生中永不却步的攀登山者，只要有这股精神在，他的辉煌便没有终结。

正是因为这些人具有的这般高的讲故事的水平，所以他们能成为优秀的代表，并使优秀更加优秀。

而最重要的是，有这些故事，人们一定不会忘记故事里的主人。

第四节：他们的故事都在书里

如果细心观察和分析，我们会发现，现在好像出现了企业家"出书热"的现象：冯仑的《野蛮生长》墨犹未干，新书《历史现场》又在进行当中；王石的《道路与梦想》尚未下架，《让灵魂跟上脚步》又再一次领着读者们出发；正泰集团董事长南存辉主编了《创新正泰》；奥康集团总裁王振滔出了《追求卓越》；德力西集团董事局主席胡成中先后出了《企业集团创新论》《企业文化与品牌战略》《财富与责任》三本书。《联想风云》《华为总裁任正非》《马斯克，这个星球不配我死》《海尔品牌之路》……这些书或谈人生经验、或说创业辛酸、或论企业理念，以讲故事的方式给企业做了一个经久不衰的宣传。我们不难发现，几乎每一个在发展壮大的知名公司、企业家，都有记载其历程的专属作品。

为什么那些成功的企业家都选择了在图书里讲故事呢？不少人质疑，在现在网络迅猛发达的信息时代，图书还有市场吗？而根据多项调查，很多读者认为图书的市场是不会被关上大门的，为什么呢？因为：

一、很多人都有书香情结

从小，我们就没少受"书中自有黄金屋，书中自有颜如玉"的启发教育，明白书是个好东西，多读有益。于是很多人都爱看书，当然，更爱看书中那一个个生动的故事,比如《圣经》里的神话,安徒生的童话故事……那个时候网络还没发达,我们的阅读介质就是图书,怀旧的人依旧渴望着埋藏在童年回忆里的纸张碰触感。这渐渐成为了一种书香情结,萦绕在诸多读者心头挥之不去。特别是当我们看到类似"书香是一壶陈年的老酒,时间越长,香味越浓。书香是青青的竹林,越往里面走,其韵味也越幽深。书香是手里一杯茶,越品越深觉它的清香。书香是潺潺奔流的小溪,追赶明天的太阳。书香……"的句子时,心更被撩拨了,

那种书香情怀彻底被激发了。图书，承载着电子书所没有的温馨和温度，手指残留着书香的感觉，牵动着一代人的美好记忆。问及为什么选择纸质书而不是电子书时，知乎上有人答："我也不知道科学不科学，可能是我矫情吧，读纸质书的时候因为有手捻纸翻页的动作，那一个瞬间，就觉得对书有莫名的亲近感。"确实，远说古代，近说从我们幼时开始，我们都是双手翻阅触摸书本，对它有着天然的亲切感，这其中包含的感情是电子书压根难以替代。

所以，于很多人来说，选择图书是一种习惯、一种情结、一种偏好。在纷纷扰扰的世界，坐在清清静静的书房，一边品着淡淡的清茶，一边读着、看着书中的美丽故事，一边还闻着幽幽的书香——这个画面想想就很美。

二、图书馆是快节奏生活里的休闲所

在人们的生活节奏越来越快，生活压力越来越大的时候，不少人开始探索生命的本真，渴望一个休憩地，所以充满浓郁书香的图书馆便是这类人心生向往的去处。图书馆作为人们科研、学习的公共场所，这里有着浓厚的文化背景、安静的学习氛围，一切不利学习的因素都被过滤，大家共同营造的学习氛围潜移默化地带动每一个读者走进书本的世界，走进每一个有趣的故事，使他感觉远离了喧嚣浮躁的尘世，从而感到愉悦和充实。相对于网络阅读，翻阅纸本书籍有时不是为了获取某种知识，而是为了回味一种读书的习惯，是一种精神的享受。在图书馆里不会听到嘈杂的汽车轰鸣声，不会听到各种商业广告喇叭声，也听不到人群的嘈杂声，唯有安静的翻书声敲响一片宁静，这份安静带来的不仅是耳朵的休息，也是在纷繁的人世中一处无牵挂的宁静。不少人在慢慢阅读的时刻，疲惫的心灵得到了一丝放松，并享受到了那份精神的充实感和存在感。所以还有很多人爱到图书馆去。爱的，就是那种氛围。

三、书本里的艺术追求

"爱美之心，人皆有之"。每个人都有对美的享受和追求的渴望。因此，同样是阅读，没有人会傻到放弃书所特有的艺术美。其一，书籍的装帧形式多样，封面的丰富设计，字幕的精美编排，尤其是书法、绘画、摄影等色彩丰富的图片印刷，都是精心制作的，给人艺术美，而电子图书无法给予人们这种感官享受。知乎上不少网民反映，每一本实体书都是一件艺术品，它们有不同的排版不同的装帧形式，有的还会设计一些与书籍相关的特色内容，这都能够大大提升阅读者的阅读体验，而全部的电子书加起来都看不见艺术品的影子。其二，从收藏的角度来说，纸质书籍具有很大的收藏价值。纸质书籍一般在某一时期的印刷数量是有限的，并且在一定程度上反映一个时代政治经济文化的风貌，一旦收藏，收藏的就不仅仅是一本书，收藏的更是这个时代的文化记忆。很多精美的艺术图册等，也颇值得收藏。此外，纸质书一般都是经过正规的出版社所出的书，编辑无论是在文化层面还是在对内容的把关程度都比电子

书要高，因此纸质书籍差错率较低；而电子书有些只是在网站上发表，有错别字多、内容低俗等缺点，这无疑让人感觉在对美的体验上大打折扣。其三，纸质书籍相比电子书籍有着独特的文化历史厚重感。中华文明源远流长，文字的传承从甲骨文到竹简，经历许多才最终发展成纸质书籍，流传至今。每当人们拿起一本纸质书籍来看时，心中也不难不升起一种对文化的尊敬之情。

四、身体选择的需要

众所周知，如果你的眼睛长时间（超过两个小时）盯着屏幕——电子书屏、智能手机屏、笔记本电脑屏幕看，那么你有可能会患上电脑视力综合症（CVS），即眼部受到重复性压力损伤。这种病症常伴有一系列令身体不适的副作用，包括头痛、视力模糊以及眼部疲劳等等。在这个时候很多人便会无比怀念纸质书的好。

五、文化的传承功能

正因为书具有收藏的功能，使之可以以一种朴实无华的方式走过那么多年的历史。有图书馆可以外借图书，这种免费场所能有效散播，甚至还有图书漂流、拆书阅读之类的线下活动。另外，书也是形象展示的最好"名片"，是送客户和伙伴企业的最好礼物。将纸质书送人，总有一种仪式感，容易加强双方的情感沟通。

六、做笔记的需要

不少人看书时习惯划线、做标注、评点之类，之后在某一刻突然想起来，就可以翻翻看看以重温。而电子书所能满足的，只是短暂的内容的分享和信息的理解，读完之后就删掉了，不像纸质书一样有保存的价值。

一个朋友以自己作为读者的身份，向笔者表达了自己为何爱看纸质书而不爱看电子书，笔者认为，这几乎把纸质书完胜电子书的原因都概括出来了。朋友表述原文如下：

近日购入了肖洛霍夫的《静静的顿河》，妻子不解，在旁唠叨："网上都能下载，为什么又要花好几十块钱买呢？这不是浪费钱吗？"我笑笑："这才是读书的真正乐趣。"

随着科技发展，网络传播技术正在悄然改变着人们的阅读方式。很多人可能一周都无暇阅读一本书、一份杂志、一份报纸，但是这并不是意味着他们放弃了读书读报，只是他们的阅读方式从纸张式向电子载体式转变，由"书卷味"阅读向"碎片式"阅读转变。

与传统的阅读相比，电子载体阅读有着固有的优势：阅读方便、低碳环保、经济实惠，因此一问世就迅速传播开来，深受各阶层人士欢迎，年轻人尤甚。妻子就是其中之一，她酷爱漫画书，手机、iPad上下载了满满的漫画电子书，一有空就津津有味地读起来。用她的话说，电子书的好处多多，方便携带和阅读而且能省钱。身边一位好友也经常损我："你还那么认真看报纸干什么，在手机上下载个新闻软件就行了，凡是有什么重大新闻，马上能收到，动动手指头就能知天下事了，而且还比你买报纸划算呢！"

为了阻止我经常买书，妻子试过帮我在手机上下载电子书。经不起她的"诱惑"，我也尝试过看电子书。由于手机屏幕太小，每次显示的文字量太小，那可害苦了我的一双眼睛，加上我近视较深，没看多久就累得要命，确实无法形成真正舒适的阅读体验。

电子载体阅读的确方便了我们，但是也不是百利无一害。长期拿着手机、平板阅读，做"低头族"，时间长了，肩周炎、颈椎病可能就会找上你，而且对眼睛也不好。时下不少年轻人患有肩周炎、颈椎病，就是电子载体惹的祸。再者，天下没有免费的午餐。现在一些网站也逐渐开始推行有偿阅读了，对一些人气较高的作品，会免费让你看几章，等你看到"上瘾"、欲罢不能之时，就要求你付费才能继续阅读下去，小则十元，多则几十元，这不是等于还是买了一本书吗？！

在繁忙之余，沏杯滇红，捧着心爱的书卷细细品味，这才是我所喜爱的阅读方式。记得著名作家余华说过："读书就是在享受人生。"对我来说，纸张式的阅读，品味书香才是享受人生。

这应该就是大多数图书拥护者的特殊情怀吧。有读者的地方就有市场，所以，不要以为图书没有市场了。

2015年4月23日第20届世界读书日，一份来自全国的调查数据显示，数字化阅读比例超传统阅读，但终究纸质书还是赢了电子书。而且，经《中国民生时报》记者问卷调查和实际一对一采访发现，纸质书的状况比人们想象中要乐观得多。比如在调查中"经常采用的阅读途径"选项的选择上，在"纸质书"与"电子书"的选择上，"纸质书"占了绝对的上风。选择纸质书的有68.42%，选择电子书的则为31.58%。在"阅读对象的主要来源"的选择中，买书、借书的占84.21%，下载电子版则只占15.79%。

企业家们总是具备最具穿透力的慧眼，因而能做出最明智的选择，很显然，他们看到了图书为载体不可替代的作用。

用讲故事换取人生价值，有书不愁没有市场。这个道理企业家们都懂的。

第四章
讲故事的文化价值

第一节：想"不朽"，先立言

《左传·襄公二十四年》记载叔孙豹所云："大上有立德，其次有立功，其次有立言，虽久不废，此之谓不朽。"依靠立德、立功、立言，人就可以超越肉体生命的局限，获得"虽久不废"的永恒的精神生命而不朽。

"三不朽"是这么来的：

公元前549年春天，鲁国副卿叔孙豹出使晋国，晋国的范宣子到京城近郊迎接，欢迎仪式结束后，范宣子以请教的口气问叔孙豹："古话说的'死而不朽'，究竟指的什么？"叔孙豹还没来得及回答，范宣子就颇为得意地自己解释道："我们范氏一族，从虞、夏、商、周以来世代为贵族，家世显赫，香火不绝，这或许就是'不朽'吧？"

叔孙豹却不买范宣子的账，兜头就是一瓢冷水："据我所知，您说的这叫'世禄'，世世代代吃官禄，非不朽也。"在叔孙豹看来，真正的不朽应该是——"太上有立德，其次有立功，其次有立言。虽久不废，此之谓不朽"。最高是树立德行，其次是树立功业，再次是树立言论。这样，人死了，所树立的德行、功业、言论却会长久传世，永不磨灭，这才叫"不朽"。至于保住姓氏、守住宗庙、世代享受官禄，不能称为不朽。叔孙豹的这番议论，就是影响深远、极为有名的"三不朽"。

立德、立功、立言的"三立"人生观奠定了中国传统知识人的人生理想和人格修养，开启了士文化之先河，其诸多观点成为后人研究其时政经济、思想文化的宝贵史料，至今仍有借鉴意义。中国几千年的历史，人们传说达到"三不朽"的只有两个半人，一个是孔子，一个是王阳明，那半个指的是曾国藩。这三个人我们都知道，都是历史上特别传奇的人

第四章 讲故事的文化价值

物，其高度非我们能够企及。所以，"三不朽"中，多数人也就只能达其一二。对于大多数普通人而言，"三不朽"之中，同立功、立德相比，立言相对容易一点，或者"更有可操作性"，因此，我们可以从充分认知"立言"下手，以达成"不朽"。

网络上有人给出了这么两组名单，问下面两组名单中的人，你认识哪些？

第一组（状元）：傅以渐 王式丹 毕沅 林召堂 王云锦 刘子壮 陈沆 刘福姚 刘春霖

第二组（落第）：曹雪芹 胡雪岩 李渔 顾炎武 金圣叹 黄宗羲 吴敬梓 蒲松龄 洪秀全 袁世凯

很多人的答案都是认识第二组名单而对第一组知之甚少。当时这两组名单列出来是为了说明高考不一定能决定人生，落第秀才也可能凭着后来的修为成为世代名人，而当年的状元却可能被历史长河所淹没。

而在笔者看来，这两组名单还能说明另一个问题。通过分析不难发现，第二组人员中，不少人物皆因其善于"立言"而扬名千古，为后来人所熟知。

曹雪芹，名沾，字梦阮，号雪芹，又号芹溪、芹圃，出身清代内务府正白旗包衣世家，是江宁织造曹寅之孙。人们记住他，是因为他以坚韧不拔的毅力，历经多年艰辛，创作出了极具思想性、艺术性的伟大作品，四大名著之一——《红楼梦》。周汝昌给他的评价是："曹雪芹的一生，是不寻常的，坎坷困顿而又光辉灿烂。他讨人喜欢，受人爱恭倾赏，也大遭世俗的误解诽谤、排挤不容。他有老、庄的哲思，有屈原的《骚》愤，有司马迁的史才，有顾恺之的画艺和'痴绝'，有李义山、杜牧之风流才调，还有李龟年、黄幡绰的音乐、剧曲的天才功力……他一身兼有贵贱、荣辱、兴衰、离合、悲欢的人生阅历，又具备满族与汉族、江南与江北各种文化特色的融会综合之奇辉异彩。所以我说他是中华文化的一个代表形象。"而这一切认识和评价，都是基于对《红楼梦》的解读之上的。

顾炎武，汉族，明朝南直隶苏州府昆山（今江苏省昆山市）千灯镇人。本名绛，乳名藩汉，学者尊之为亭林先生，是明末清初的杰出的思想家、经学家、史地学家和音韵学家，与黄宗羲、王夫之并称为明末清初"三大儒"。他一生辗转，行万里路，读万卷书，创立了一种新的治学方法，成为清初继往开来的一代宗师，被誉为清学"开山始祖"。其流传下来的作品《日知录》《天下郡国利病书》《肇域志》《音学五书》《韵补正》《古音表》《诗本音》《唐韵正》《音论》《金石文字记》《亭林诗文集》等，这些作品使人们熟知他。

黄宗羲，汉族，浙江绍兴府余姚县人。字太冲，一字德冰，号南雷，学者称梨洲先生。是明末清初经学家、史学家、思想家、地理学家、天文历算学家、教育家。他提出了"天下为主，君为客"的民主思想。他说"天下之治乱，不在一姓之兴亡，而在万民之忧乐"，主张以"天下之法"取代皇帝的"一家之法"，从而限制君权，保证人民的基本权利。黄宗羲学问极博、思想深邃、著作宏富，一生著述多至50余种，300多卷，其中最为重要的有《明儒学案》《宋元学案》《明夷待访录》《孟子师说》《葬制或问》《破邪论》《思旧录》《易学象数论》《明文海》《行朝录》《今水经》《大统历推法》《四明山志》等。

吴敬梓，字敏轩，一字文木，号粒民，清朝最伟大的小说家之一。汉族，安徽省全椒人。因家有"文木山房"，所以晚年自称"文木老人"，又因自家乡安徽全椒移至江苏南京秦淮河畔，故又称"秦淮寓客"，著有《文木山房诗文集》十二卷（今存四卷）、《文木山房诗说》七卷（今存四十三则）、小说《儒林外史》。

蒲松龄，汉族，字留仙，又字剑臣，别号柳泉居士，世称聊斋先生，鬼圣。自称异史氏。淄川（今山东省淄博市淄川区）城外蒲家庄人。清代著名的小说家、文学家。他出身没落地主家庭，连续四次参加举人考试而全部落榜，直到72岁赴青州补为岁贡生。其因一本短篇志怪小说集《聊

好故事胜过千万营销高手

斋志异》被郭沫若先生赞蒲氏"写鬼写妖高人一等，刺贪刺虐入骨三分"，老舍先生也评价过其"鬼狐有性格，笑骂成文章"。如今《聊斋志异》反复翻拍，蒲松龄也因此被老少皆知。

……

虽然这些人曾是落第的秀才，经历落魄和失败，但人生是场马拉松比赛，他们在后面的赛程中，因为"立下的言"而赢得了比赛，达到了不朽，被后人所铭记。

那些因立言而不朽的人，还远不止这些。很多一提名字我们都颇感熟悉，皆是因为我们看过或听说过其"言"。比如海瑞，因其"视国为家，一人独治，予取予夺，置百官如虚设，置天下苍生于不顾。这就是病根！"以及"不谋全局者，不可谋一隅，不谋一世者，并不可谋一时"等言语穿透了历史，传到至今。他给明世宗写的一篇流传下来的奏折《治安疏》，大胆地揭发了官场的弊端和统治阶级的罪恶，同时提出改革意见，希望统治者能够采纳，充分表现了他关心百姓疾苦，敢于向坏人坏事作坚决斗争的优秀品质。当然，如果没有《治安疏》流传下来，我们也不可能了解到海瑞是个如此忠官。

曾国藩是中国近代史上备受人们关注的风云人物。一个普通的农家子弟，以并不超绝的资质，后来挽狂澜于既倒，扶大厦于将倾，被誉为"中兴第一名臣"。他的一个显著特点就是"文能治国"，他凭借舞文弄墨在历史上发挥了不可替代的作用。他一生著述颇多，留有《家书》《日记》《百家经史杂钞》等文字作品，其文章冠绝一代，被誉为当朝第一，其中不乏名言警句流传于后世。

所以曾国藩被后人誉为"中华千古第一完人"。其"立言"的代表作就是《曾国藩家书》，对后世影响深远。据说蒋介石的案头就摆两本书，一本是《圣经》，那是为了取悦他那信奉基督教的太太；另一本书就是《曾文正公全集》，用蒋介石自己的话来说平生只服曾文正公。毛泽东也独服曾文正公："予于近人，独服曾文正，观其收拾洪杨一役，完满无缺"。

刘基，字伯温，浙江青田（今属温州）人，明朝开国皇帝朱元璋的主要谋士。后人将他与汉初张良、蜀汉诸葛亮并称为古代三大谋略宗师，而刘基则是三人中唯一一位既立功、也立德、同时还留下大量著作的历史人物。据说他一生酷爱读书，对我国古代文化的各个领域都有过较深刻的研究，在政治、军事、天文、地理、文学等方面有很深的造诣，现留存的主要著作有《郁离子》《覆瓿集》《写情集》《犁眉公集》《春秋明经》《诚意伯文集》(20卷)等。其中流传最广最为后人称道的是寓言体散文集《郁离子》和脍炙人口的散文名篇《卖柑者言》。《郁离子》继承了先秦诸子以寓言比喻政事、阐发哲理的传统，用许多生动的寓言故事反映复杂、尖锐的社会矛盾，表达作者为解决这些社会矛盾所作的种种政治设想。《卖柑者言》则通过卖柑小贩之口，有力地抨击了那些坐高堂、骑大马、饱食终日、无所事事的当世权贵，揭露他们"金玉其外，败絮其中"的丑恶本质。如今，该文不但被清人收进了《古文观止》，而且成为现当代中学语文课本的重点课文，其名句"金玉其外，败絮其中"已成为常

用成语，其影响之大可想而知。

正因为所立之言流传了下来，我们才知道了他们的气节，也才有了这么重要的文化瑰宝的积淀。

中国古代杰出人物万千，孟子的"富贵不能淫，贫贱不能移，威武不能屈"之言表达的伟大人格精神，以清白廉洁、勤职敬业、刚正不阿、热爱人民的崇高德行融入了世代传承的中华文化的长流中，获得了永恒的人生价值；陶渊明"不为五斗米折腰"之言折射出的高风亮节让我们敬仰不已；唐太宗"以人为鉴，可以明得失"的谦虚胸怀和知错能改的勇气让我们看到了一代帝王的气魄；范仲淹"先天下之忧而忧，后天下之乐而乐"的广博胸襟影响了多少志士仁人；于谦"要留清白在人间，粉身碎骨浑不怕"的高尚气节依旧被传为佳话；文天祥"人生自古谁无死，留取丹心照汗青"的爱国情操刻在了历史的丰碑上……他们因言而不朽。

第二节：做个"有故事"的人

一个平淡无奇的人生，可能诞生不出了不起的人物，"故事汹涌"的人，往往成为万众瞩目的焦点。因为人们普遍对故事青睐有加，因而对"有故事"的人也就特别感兴趣。

著名主持人陈鲁豫主持了一档特别有名气、有影响力的栏目，名字就叫《爱传万家——说出你的故事》，该节目由《鲁豫有约》栏目改版而来，于2010年在安徽卫视开播。节目在优化以往《鲁豫有约》名人访谈的基础上，更为突出温暖与关怀的定位。而这个定位，注定离不开一个最容易打动人心的元素——故事。鲁豫相信，没有一个人的故事是不精彩的。她说："我对人、对故事比较感兴趣，我对讲道理半点兴趣都没有。"

其实我们都一样，我们都喜欢与有阅历、有故事的人往来，因为他

们身上具有岁月洗练出来的熠熠光辉。

故事让我们看到了硬气男儿的柔情

对于孙红雷，大多数对他的印象停留在《潜伏》里那个聪明睿智、有胆魄的余则成的角色上，认为他就是一个无所不能的硬汉，或者至少也是吴刚评价的那样——"他很像大哥，很有大哥风采，生活里他能够照顾其他人"。但是在《鲁豫有约》的节目上，这个以硬汉的银幕形象著称的大明星回忆起自己被破格录取到国家话剧院的故事时，面对现场观众、面对鲁豫、面对摄像头，几度哽咽。那个使他情到深处的故事讲的是，孙红雷作为"旁听生"只拿到相当于专科生水平的结业证，在重视学历的北京屡屡碰壁。在中国国家话剧院即将招聘演员时，他兴致高昂地和同年一起毕业的50多个本科生一起参加面试，却被那些本科毕业生们嘲笑，但他硬是鼓足劲儿做了充分准备带着必胜的信念去参加面试。在面试过程中他还没表演完就被主考官粗暴打断，主考官带着不情愿再浪费时间的神情要他赶紧下台，使他十分委屈和尴尬。当时他恨不得找个地洞钻进去。等了一阵子面试无果，就在他要放弃了的时候，突然接到中国国家话剧院"你已经被录取"的信息，他激动得不敢相信这是真的。他打电话确认后，才知道在五十几号面试者中，中国国家话剧院只看中了他这个"半路人才"。当时他喜极而泣地向家里报喜，电话那头的孙妈妈也欢喜得泪流满面。

这个故事说出来后，人们看到了哪怕是耀眼的明星，也曾有过无名的时候，也一样品尝过辛酸苦辣的滋味，也一样需要靠自己的坚持和执着才能成为那个"幸运"的人。就因为讲了这个故事，人们知道孙红雷不再是那个高高在上、神秘的明星大人物，而是一个接地气的、离我们的生活很近的人，是我们生活中常常会碰到的那个有过挣扎、有弱势时刻的人。这时候我们看到的孙红雷，不再是那个坏却忠诚的"阿莱"(《像雾像雨又像风》),也不再是那个残忍狂妄却又一往情深的杀手(《征服》),不再是那个时刻冷静睿智善于隐藏和伪装的余则成,而只是一个普通男人,一个忆起往事也同样会情不自禁的普通人。这个故事播出后,孙红雷增加了不少粉丝,因为男儿有泪轻弹更真实,让大众感到可以亲近。

一个因故事出名的平凡女子

鲁豫还采访过一个整容四百多次的女子。这个女子的特别之处在于,在节目录制全程她都戴着口罩帽子,从头到脚武装得严严实实。鲁豫曾试图说服她摘下口罩,被对方很坚决地拒绝了。在观众被吊足了胃口并对此感到郁闷的时候,她讲了一个故事:

"我曾经谈了一个男朋友,有一次我去给眼睛整形,结果整形失败,我不敢出门,不敢见我男朋友。我男友来找我的时候我也不敢开门,我害怕他看到我的样子。但他一直敲门,最后演变为砸门,于是没办法我开了门,结果男友在看到我第一眼之后吓了一跳,他说你现在就像个鬼,然后直接跑开了。半年后我们在一家餐厅相遇,我们座位就隔了一个桌子,并且对方都在自己的视线内,他看见了我,但他已经完全不认识我了,他不知道那就是我。"

这个整容后的辛酸故事激发了人们对这名女子的极大兴趣。经过媒体热炒、网友议论,这个被称为"红粉宝宝"的整形狂人一举成名。

温情故事扭转"玻璃女人"形象

金星有太多的传奇经历:9岁便考入沈阳军区歌舞团,首创男子足尖舞,中国内地第一位获得美国艺术研究全额奖学金之人,成立中国内地目前唯一的私人现代舞团,2004年携《上海探戈》赴欧洲巡演,引起轰动。但人们更津津乐道的,一直是她头28年做男人,28年后做女人的故事。在金星说出她作为妻子和母亲背后的故事之前，一直饱受世俗和偏见的伤害。直到她说出了自己为人妻为人母背后的故事。

金星在接受访谈时说道："我妈当时就看到正好有这样一个孩子，这个孩子是个私生子，她妈妈无法抚养孩子。当时医生一看是个男孩子，都想要，但这个女孩子就抱在怀里头谁也不给。我妈妈正好在隔壁看老战友，就好奇地去看一看，当时我儿子闭着眼还睡觉呢。谁知我妈把这个孩子刚一抱过来，他就冲我妈妈笑了。然后那个女孩子就问我妈要这个孩子吗。我妈妈就说正好我有个女儿不生孩子，那女孩说，那太好了，签了个字转身收拾东西就走了。起初我妈妈就没敢跟我说，先把这个孩子在医院放了两天，并做了检查，然后偷偷抱回了家，两个星期以后我过33岁生日时才跟我说。我妈说你当妈了祝贺你，我当时一点都不奇怪，还记得在多少年前有人给我算命说我33岁当妈么？……我觉得当了妈妈以后真实了，不那么虚无缥缈。在做母亲之前我是个特别漂亮的风筝，在天上飞来飞去的，别人都会看，会说这个风筝挺有特点的或怎样，但是没有人能拴住我。但是有了孩子以后，突然就被拴住了。你走到哪儿都会把你给拽回来。"金星说出了当妈妈的心情，引起了很多妈妈的共鸣。此时的金星，不再是那个被纠结于性别的人，而是一个被赋予了"母亲"光环的伟大女性。

而金星的爱情故事，让人从内心里接受了她已经成为女人的事实。

金星和她的老公汉斯是在飞机上认识的。汉斯是一个沉默内敛的高个子男人，平时只坐经济舱，恰巧那次经济舱的机票售空了，这才买了头等舱，又刚好坐在了金星旁边。汉斯见到金星的第一眼，就被这位独特的东方女子迷住了，像打了结一样不肯离开。金星因为随行带着宠物狗"妞妞"，怕打扰到身边的乘客，向他礼貌致歉，两人就此聊开，谈话十分投缘，临别还留了电话号码。

几天以后汉斯鼓起勇气打去电话约会金星，而金星也特别坦诚地将自己是一个变性人以及有三个孩子的事实全盘托出，并非常慎重地指明孩子在她生命中的地位。考虑了两天后，汉斯接受了金星现有的一切。婚后，汉斯不但扮演好了丈夫的角色，特别以金星的事业为重，还是一名尽职尽责的好爸爸。为了让孩子有个好的中文学习环境，他到复旦大学报名学习汉语，给金星和孩子们提供了一个幸福的家庭。

这两个故事让人们看到金星成功地扮演好了母亲和妻子的角色，她赢得了丈夫和孩子的爱，她的变性风波逐渐被忽略、淡忘。

同样地，当企业家说出了他的故事，人们对他的印象便不仅仅停留在他参加各种商业活动的那个硬邦邦的商人形象上，而是能够洞悉他作为一个有血性、有人情味的人并亲近之；人们可能本来对一个企业存在某些误解，而故事是最好的冰释工具；人们可能原本并不知道这个企业或企业家，却可以因为他身上的生动故事而有了深刻印象和深刻理解。

所以，不妨大胆地说出你的故事，感动天地感动我。

第三节：为未来铺路，给新人指路

写书，是对自我的反思和总结。

出书讲故事，除了可以通过故事展现自我风采，show出人格魅力外，还可以为自己的企业做一个"生命使用说明书"，反思现存不足，明确下一步的走向，以迈上更高的阶梯。

生活中我们会去买各种用品，然后会发现：买手机，包装盒里会附带一本手机使用说明书；买冰箱，会有冰箱使用说明书；买等离子电视，会有等离子电视使用说明书；买微波炉，会有微波炉使用说明书。但是，当我们降生到这个世界上的时候，我们的身边却没有这样一本生命使用说明书。

很多人一生碌碌无为，无所成就，不是因为没有成功的渴望，而是确实不知道怎样使用自己的生命，怎样使用自己的能力，也不知道在哪

一点上引爆自己的潜能。一个人一生中最大的误区就在于：不会经营强大的自己，没有做过细致的规划。

而其实，如果我们想为自己的生命负责，就应该认认真真地为自己写一份"生命使用说明书"。

出版了《野蛮生长》的万通董事长冯仑说，出书好比从子宫里看生孩子："看清整个改革体制变迁的过程，看到市场经济的每次重大改革，但是这个过程会发生阵痛、新生或胎死腹中，我们属于阵痛中新生的这部分人，同时也目睹胎死腹中的那部分人的命运。"

所以，"出书就像生孩子，痛了就生了"。通过讲故事的方式写书，可以对自己做出充分的分析、展现存在的优势和缺点，而后更加明确下一步的目标、做出详细规划，垫平未来之路。

一、写书做自我分析

知己者"明"，知人者"智"。既知己又知人，就是"明智"。通过展

现企业或企业家个人的成长阅历，可以腾出"空间"回顾自己的人生历程，经历过什么，遇到哪些挫折，如何破解发展瓶颈，或者获得了什么，如何获得的。对于取得的成就，可以总结成功的经验；对于失败的经历，可以通过梳理分析，反思弊端以避之。

二、写书使目标更加明确

在回顾反思的过程中，更加明确下一步的发展走向，对于是"超越马云史玉柱"还是要"让公司上市"又或是"一定要年度盈利增加200万"，都有精准细化的目标。一个没有期限的目标或者梦想，只能叫做空想。没有期限，就没有实现目标的压力和紧迫感，目标只能是想象而已，缺乏了"我一定要做成"的气概和雄心。但因为写成图书的公开发行，在众目睽睽的监督之下，只有逼迫自己不断努力，不停超越，以达到设定的目标。当然，也不宜过于高估了自己的实力，一下子完成一个有难度的目标也是不可能的，就像爬楼一样，正确的做法是先从一楼走到二楼，然后走到三楼，最后走到四楼。想从一楼飞到四楼也是无法实现的。因此，实现目标先要"分解目标"。

三、写书制定详细的计划

计划，是实现目标的第一步。计划做得越科学，后面的行动越轻松。我国有两个成语叫"运筹帷幄"、"未雨绸缪"，三国时的诸葛亮也是因为每次战前都有极为精准的计划而百战百胜，流传千古。同时，计划锻炼了一个人系统思维的能力，因为他要对整个事情进行全盘思考，每一个细节，每一个流程、每一个突发事件都要考虑进去，然后提前做好最为详尽最为周全的应对方案。把计划写进书里，是给自己提供方法。

一个人需要对自己的过去进行总结，才能更好地走好自己的路。对于企业也是如此，出版企业传记可以说是对个人和企业经历的一个总结，既是对过去的回顾，也是对未来的展望。有利于企业经营者更加清醒更加自觉，不断提升企业发展层次。

四、写书可展现个性与个人价值

当然，也有人写书只是为了抒发自身的一些感悟和表达个人价值观。

李开复的《世界因你不同》叙述的就是自己的人生历程，抒发了一番人生的感慨。他的那句名言"一个世界有你，一个世界没有你，让两者的不同最大，就是你一生的意义。"呈现了他根基于中华文明而又成长于开放的美国文化而展现出的宏阔的世界观和人生观。

冯仑的《野蛮生长》中也有很多关于幸福、关于金钱、关于伟大、关于女人的感悟，比如"满街都是管理书籍，却到处都有破产企业；满书店都是爱情教程，可满大街都是不幸婚史"，"喜欢坐小车，看小报，听小曲；崇尚学先进，傍大款，走正道"……都让人们认识了这位大咖与众不同的个性。

王石在《让灵魂跟上脚步》一书中发出自己的感悟："过去的20多年里，我身处的社会、我所带领的企业和我自己，都在高速发展变化。我们的速度太快了，脚步远远跑在前面，灵魂跟不上来，整个社会因此变得很浮躁，就像德鲁克说的：'我们大大高估了眼前，却大大低估了未来'——我本人也不例外。"

当然，企业家出书不仅仅是为了总结和抒发感悟，面对企业自身的问题，他们更希望通过自己的成功经验或失败的教训教会更多的管理者们，该怎么做、该如何做，就像杰克·韦尔奇说的"具体的问题成千上万，不过绝大多数可以归结为如下一句话，怎样才能赢"？更有企业家坦言，写书除了"说明自己"的作用外，更着重于文明的传承，为的是能给后人留下一些精神财富。因为一本有价值的书能够对后人产生不可估量的作用。

唐骏写了《我的成功可以复制》一书，讲述了自己的成长和成功史。唐骏说，可以复制的，不是我的经历，而是经验。每个人的经历是不可能由另外一个人来完全重复的，他还自认为自己的经历一点也不传奇，相反还非常平淡，是一步一步踏踏实实熬出来的。唐骏这样自问自答："如果我可以成功，你为什么不可以？""也许是因为我自己本是一个非常普通而简单的人，我的人生没有奇遇，也不曾走过任何捷径。在我看来，成功固然让人欣喜，但失败和挫折更让人难忘，真正成功的人是那些可以跨越失败和挫折的人。"因为"那是因为世间万事万物的运转，大到宇宙，小至一花一果，其实都遵循若干非常简明的规则。只要掌握这些规则，就可以不断加以复制，就像我们儿时玩过的万花筒，创造出缤纷多彩的人生。"他通过书写自己的真实经历和感悟，给那些有干劲而正经受着挫折的人打气。

福耀玻璃集团的创始人、董事长曹德旺写了自传作品《心若菩提》，讲述了自己贫困的童年经历、白手起家创立福耀集团、将其发展成为全球规模最大的汽车玻璃专业供应商的艰辛而又辉煌的创业之路。该书还首次披露了集团2001至2005年相继打赢加拿大、美国两个反倾销案的真实过程，福耀集团也由此成为中国第一家状告美国商务部并赢得胜利的中国企业。谈起写书的缘起，曹德旺说写这本书，不是为了出名，写书的目的是向美国人介绍中国正在成长中的企业家，为中国的企业家传递经验。

从书中还可以看出曹德旺是一位很有性格的企业家，没有上过大学，但始终非常尊重知识，无论怎么忙，他每天都抽出来至少两个小时读书看报，上世纪80年代创业之初，就自学了会计学、全面质量管理以及MBA等课程，并把这些知识用到管理实践中，其计算能力甚至胜过公司的财务总监。这一点无疑能为很多以繁忙为借口而放弃学习"充电"的企业家做出榜样。

《梦能成真》是一部描写山东省聊城市著名企业家，绿灯行产业集群董事长李月震先生26年创业道路的图书，呈现了当代企业家价值观、世界观的变革。一名草根农民从困顿到创业，从创业到立业，从立业到成功，李月震在书中首次打开"鲁商"创富锦囊，"零保留"讲述创业成功之道，并以此激励年轻人的创业斗志，为年轻人提供成功的思路。

书中大量记述了李月震创业的辛酸经历以及后来卓有成效的管理经验，详细地讲述了他从一间小作坊做起，在资金、技术等方面严重不足的情况下如何克服重重困难，逐渐将企业发展壮大，进而形成现在拥有三大工矿生产基地的产业集群。另外书中还记录了李月震关于未来企业发展的战略规划及梦想，展现了农民企业家对于移动互联网时代的前瞻思考。面对当下青年创业者面临的资金、经验等困难，李月震想通过新书传递："老话说教会徒弟饿死师傅，但我不怕，一起成功才叫真正成功。在书中我是'零保留'奉献我的能量，我希望自己的经历能对青年朋友有所帮助。"他利用自己的亲身经历告诉创业者们两句话，第一句话是"没关系，慢慢来"。他说，"一个普通的农民可以成功，如今互联网时代的你们更具优势。现在许多年轻人也遇到诸如此类的问题，这非常正常。我想对他们说的也跟当时别人对我说的一样：'没关系，慢慢来。'"他接着说："第二句话是'目标是万事之基，坚持是成功之本'。无论现在所处的现实多么不如人意，无论现在面临多少困难，只有瞄准目标，坚持到底，才有可能赢得最后的成功。"

这些精神财富无疑为许多后来的创业者提供了宝贵的借鉴经验。

第四节：故事里的企业文化催人向上

文化是种像钉子一样坚硬的"柔软"东西：实施起来十分艰难，取得的效果却牢不可破。通过观察我们会发现，文化其实遍布我们的周围，影响着我们生活和工作的许多方面。而企业文化则是企业中一整套共享的观念、信念、价值和行为规则的总和，它能促成企业内部形成一种共同的行为模式，这种共同的行为模式便是企业文化最强大的力量之所在。

郭士纳在 IT 业井喷初期接手 IBM，柔韧而坚定地发动了一场企业文化变革，使得这家连年亏损的 IT 业"病狮"重振雄风；李东生在 TCL 遭遇国际化重创危机时刻，开始了"鹰的重生"的企业文化变革，使 TCL 得以扭转劣势重获市场认可……这些都表明：优秀的企业文化对推动企业有着非常重要的作用。

著名企业家张瑞敏说过："海尔过去的成功是观念和思维方式的成功。企业发展的灵魂是企业文化，而企业文化最核心的内容应该是价值观。"美国学者通过对本国过去 30 年经济增长的研究发现，物化资本和技术对经济增长的贡献仅占三分之一，其余三分之二的贡献归于文化建设。结论是：工业时代的企业家主要关注的是经济利益；信息时代的企业家主要关注的应是文化。新经济下的企业是"合作竞争"，只有人文精神渗透到企业管理，才能增强整体竞争力，所以，提升企业的竞争力，就应该加强企业文化建设，发挥企业文化的导向、规范、凝聚与激励作用。

知识的接受是受价值取向决定的；习惯，是对现有价值观习以为常后才形成的；而价值观通过细化、固化，才成为制度、法律；至于公德，则是在公共活动与社会交往中的自我管理与约束，更是价值观的体现。可见企业文化建设的核心就是价值观的不断提炼与不断优化。企业文化作为一种价值观是一个企业的灵魂。一个优秀的企业会在潜移默化中，用企业文化引领职工形成理想信念和价值观念，用企业文化规范着员工的行为，进而提升职工对企业的忠诚度。而铸造企业文化的过程，不应该是苍白无力的讲道理、讲条文，而应该是传播一个个真实、生动、可信的故事的过程。如此员工可以对企业文化有一个较为深刻的理解，从而达到让企业价值观深入人心的目的。与此同时这些企业里的真实故事蕴含的思想与智慧，更可以成为企业价值观向用户、合作者、政府官员以及社会各界人士普及宣传的最好广告。

惠普公司"此门永远不再上锁"的故事

惠普公司在 1989 年过 50 岁生日时，就请路易斯为其创建公司历史文献。路易斯从第一线员工到高层主管身上，搜集到了一百多个口口相传的惠普故事。其中最为员工所熟悉的，就是比尔·休利特（BIL HEWLLET）与门的故事。惠普公司的创办人之一比尔·休利特发现通往储藏室的门被锁上了，休利特身上并没有钥匙，所以他就用小螺丝将门锁撬开，然后在门上留下了一张便条，上面写着"此门永远不再上锁"。这个故事告诉所有的惠普人，惠普是重视互信与规定的企业。

IBM 董事长沃森戴身份标识的故事

IBM 公司广为流传着一个故事：门卫露西的任务是检查人们在进入安全区时是否佩戴了身份标识。一天，董事长沃森违反了这条规定而被露西拦在安全区外，沃森的陪同人员表示不满，但沃森却转身取来了应该佩戴的标识。这个故事的精彩之处在于传播了一条重要信息：即使是董事长也必须遵守企业规章。

老板卖车发年终奖的故事

这个故事是一位年轻职工讲的：

那时刚从学校出来，因为没有工作经验，应聘是屡应屡败，屡败屡应。功夫不负有心人，终于有一位年纪比我们大不了多少的老板慧眼识人，招了我们这一批刚从学校出来的人跟着跑业务。因为年轻所以大家都很有干劲儿，工作起来没得说，同事们也开心得很，可惜工资不高，

第四章 讲故事的文化价值

所以成了名副其实的"月光族"。只有盼星星盼月亮地盼过年，盼一个"红包"让我们过年时可以尽一点孝心，也可以与同学们开心地去玩一次。但是，由于公司一笔款子追不回，原先的成本投入太大，公司一下子连日常运转都有困难了，眼见要关门大吉了。

　　有一天，老板把大家叫到了一起，说公司已经无法经营下去了，劝大家趁年底工作比较好找，赶快散了另谋出路。我们心里一下子凉了，想必红包一定是泡汤了，没想到老板最后一句话却让我们都感动了。老板从口袋里拿出十几个"红包"说："我今天把我的车卖了，换回了这些，我不能让大家辛苦了一年却失望地回去过年。如果我一人不舒畅就能换回大家的快乐，我觉得我这件事做得是有意义的。"老板让大家去找新的工作，然而大家都没走，觉得跟着这样的老板就是喝西北风也要坚持下去，大家不约而同地把"红包"凑到一起，让老板把公司继续经营下去。可想而知，在这样精神的支撑下，公司肯定渡过了难关走向正常的轨道。

　　那位年轻职工接着说，这个故事后来被载入我们公司的"史册"中，在我们企业一代又一代的职工中传播，在我们的客户口中相传，由此，我们公司的"人性化"管理赢得了职工的忠心，形成了巨大的凝聚力，使得企业不论遇到任何困难，都能凭着"众人拾柴火焰高"的团结力量渡过难关。此外，这个故事让客户觉得我们公司老板"靠谱"，员工"靠谱"，在货比三家之后，哪怕我们的产品比别家稍显弱势，他们还是选择了我们。

　　企业要想超越自我，能够存活得更长久，就必须找到传承企业生命的基因——企业文化。而企业在短短几十年中要创造出灿烂的企业文化，只能靠企业创造出来的一个个感动或触动人心的故事来完成。那么，到底该讲什么样的故事才能发挥效用呢？诺尔·迪奇归纳出了三种经理人常用的故事类型，用来传达个人与企业组织成功的价值观。第一类故事是"我是谁"，也就是讲述自己感人的经历和成功的经验，用个人的故事来打动人心；第二种故事是"我们是谁"，也就是在变动中创建起同位一体的感情，将全体员工或者是听众的心凝聚在一起。这两类故事的运用，对企业凝聚员工的情感以及企业文化的传播大有裨益，同时也容易让员工迅速理解企业的某一措施或策略；第三种故事是"我们要往哪里去"，也就是描述、解释企业在未来要做些什么以及企业要怎么样走向未来。

不少企业通过将搜集的公司管理案例和文化故事汇编成册，将企业文化经过故事传播出去，为企业获得"软实力"竞争的胜局。

华峰集团借助《华峰》杂志刊登企业文化案例故事，通过情景的真实再现，让读者真正感受到华峰企业文化所倡导的理念和精神。"华峰产品，我们要了"的故事，让人们记住了华峰始终坚守"持续创新为客户提供满意的产品与服务"的质量方针和"宁可损失千万产值，不让一件不合格产品出厂"的质量理念；"1公斤的重量"的故事，讲了华峰职工在做生产投料工作时敢于较真，哪怕是出现"1公斤"的误差，也要推倒重来，体现了其职工的精神风貌和坚守职责的企业文化……

海尔公司也通过《海尔企业文化手册》一书，讲了一些深入人心的故事。一说"质量零缺陷"，员工就会想到"砸冰箱事件"，一说"快速反应、马上行动"，员工就会想到"大地瓜洗衣机从获得信息算起，三天设计出图纸，15天产品上市"，一说"真诚到永远"，就想到"营销员因送货车故障，自己背着洗衣机走了3个小时给客户送货"的事；一说"客户永远是对的"，就会想到"海尔把按照德国模式设计的电冰箱说明书按照中国消费者的水平进行修改的事件"……正是这些感人的事件和具体的形象，使海尔的文化理念没有停留在墙上、纸上，而是进驻到每一位员工的心里。这是海尔文化管理成功的核心。

蒙牛集团总裁新闻助理、企划中心副主任张治国出版了《蒙牛内幕》一书，通过讲述一些蒙牛企业内部发生的一些小故事，将蒙牛内部员工紧紧地团结在了一起。其中一个比较感人的是"你准备给我高薪，而蒙牛给了我第二次生命"的故事。2001年，刚到蒙牛工作几个月的李生茂被确诊为心脏病，需要手术治疗，手术费用4万~6万元。李生茂家境贫寒，父母狠下心说："孩子，家里实在没法子，你自己看着办吧。"李生茂走投无路，找到了液态奶事业部经理白瑛。蒙牛公司党委发出倡议：挽救李生茂的生命。牛根生带头捐出1万元，员工们纷纷解囊，一共捐了3万多元。李生茂的手术非常成功，病愈出院时，医生、护士和病友们都拉着他的手嘱咐："病好了，要好好工作，对得起公司。"李生茂自是记在了心里。在2002年末的一个大型设备培训班上，有两个企业想高薪聘请李生茂时被他斩钉截铁地拒绝了，理由是"我的命是蒙牛给的，哪能离开蒙牛"！而书中强调："像这样被救助的员工，几乎每年都有。"充分体现了蒙牛对员工关怀备至以及员工报之以忠诚的企业文化。

无疑，这些书里的故事有一股催人向上的力量，充分展现了企业的"软实力"，为其在诸多同类企业竞争中赢得了优势。

第五节：千古留芳世代传

孔子在古代被尊奉为"天纵之圣"、"天之木铎"，被后世统治者尊为孔圣人、至圣、至圣先师、大成至圣文宣王先师、万世师表，如今被列为"世界十大文化名人"之首。一名学者何以获此殊荣？皆因为其流传下来的儒家思想对中国和世界都有深远的影响。而思想要传播，要经过岁月的洗练流传至今，肯定离不开书这个载体。古人认为孔子曾修《诗》《书》《礼》《乐》，序《周易》（称《易经》十翼，或称易传），撰《春秋》。除了他本人亲自撰写的这些书目外，还有他的弟子将他的一些故事及言论撰写成《论语》，由此他发愤忘食、安贫乐道、学而不厌、诲人不倦、直道而行、与人为善等人生观念都对后世产生了重大影响，其子孙后代也因孔子的影响力而被人高看一眼。

明代的了凡大师撰写了《了凡四训》，这本书原本是家训，是了凡为了教戒他的儿子袁天启而作，取名为《训子文》，后来启迪了世人，于

第四章 讲故事的文化价值

是改名为《了凡四训》。该书主要从四个方面讲解了为人要懂得改变自己命运，而改变命运要懂得用怎样的方法。全四篇分为"立命之学"、"改过之法"、"积善之方"、"谦德之效"，每篇都有其要旨，通篇下来不仅教人认识命运的真相——人们完全可以掌握和改造自己的命运、自求多福，还提出明辨善恶的标准，倡导改过迁善，是教导人们出言立行的好文章。

"明代创世之作，百年流传至今，东方第一励志宝典，古书今读修身养性。儒释道三家思想融汇，展现中国传统智慧。《了凡四训》是一部治国立家、泽被后人的训子家书！"是后人对该书的评价。

著书立说一直是中国文化中令人敬佩，光宗耀祖的事情。这本家书不仅给了凡的子孙留下了宝贵的经验指导，更给他们带来了无限的荣光。因为《了凡四训》的传播，使千千万万的人跨过千年记住了了凡并关注着他的后代。

如果没有《好妈妈胜过好老师》这本书，人们或许对尹建莉的认识并没有这么深刻，最多只是从她身边的人口中知道她是位教育专家，从教多年，教出了一个品学兼优，被内地和香港两所名校同时录取的女儿而已。但是，就因为她出了《好妈妈胜过好老师》这本书，采用平实的语言通过讲述一个个故事，提出一些令人耳目一新的家庭教育原则，使父母在教育孩子的时候有章可循，让父母们不仅立刻获得许多有效的经验，教育意识也随之改善，所以她也被众人所熟识。著名学者、北京大学教授钱理群也给出了很高的评价："这是一本有勇气、有思想、有智慧的书，是难得的家教读本，既敢直面教育问题，又深入地思考；有独到的教育观念，更有教育智慧，最重要的还有无所不在的爱心。"这本书如今成为影响全中国亿万家庭的亲子教育畅销书，至今销量逾1000万册，影响着无数家长的教育观。

我们有理由相信，多少年后，尹建莉的教育方法还在流传，还在影响着一代又一代的家庭教育。

书就是具有让人惊叹、创造传奇的力量！

现在，很多企业家也开始意识到除了给子孙后代留下有形资产外，更应该有无形资产，把坎坷的创业经历告诉后人，旨在激励后辈继承先人的创业精神，进而给人们留下一笔宝贵的精神财富。著有《希望永行》《阿里巴巴，天下没有难做的生意》《汽车疯子李书福》《酒鬼记》的郑作时曾说，现实社会中 90% 的公司书大部分是完成一个任务。它要完成另一个任务，出书的原体是社会的需求。那么是什么需求？大概有三种：一个是司庆。1978 年以后，中国现代企业开始产生了，到现在为止，有很多的企业发展了 20 年、30 年、40 年，那么这个时候就感到自己有话要讲，或者有一点话留给他的后代，这个时候他就会想出一本书；第二就是市场动作，占很多部分；第三就是交接班，企业家的一代或者二代也好，想做一个交待：我怎么把这个企业创造起来的？留给自己的儿子、孙子看。

南通宇明塑料制品有限公司创始人张台平也是这么做的。2012 年底，近 70 岁的他在朋友支持下出版了计 19.6 万字的《风雨人生——庶民的记忆》。书中讲述了张台平苦涩的童年、艰难困苦的少年、为求生存而苦苦挣扎的青年和在改革开放的大潮中意气风发而事业有成的壮年。"我把自己比喻成小草，只因我的人生不值一提，人生的确是一个万花筒，千变万化。我这一棵小草，一生几乎都有厄运相随，但我不断抗争，不断挣扎，顽强地一岁又一岁的枯荣，以枯荣体现我来到这个世上的应有价值"。这是他书中的一个段落。谈及出书的目的，他说："我的孩子们都已成家立业，吃的、穿的、用的看似不愁了，但我要借这本书拾起我已经逝去的时光，让我的子女们来享受这些时光里的故事，让他们去热爱生活，珍惜自己的工作和事业。"

企业家出版传记，能够充分展示企业家的事业理念、人生信条，彰显企业家克服重重困难的勇气、开拓事业的艰辛和高瞻远瞩、运筹帷幄的智慧，无形中确立企业家的"儒商"形象。何况把自己的奋斗历程出版出来，既是对自己的一个总结，也是给普通人一个了解、学习、砥砺甚

至膜拜的对象。雁过留声，人过留名，企业家、老板出版自己的书，企业家的个人魅力将通过出书获得广泛的传播，从而赢得更多人的认可与崇敬。

世界 500 强企业的老板，几乎都出版过自己的个人传记。因为他们都知道，留下了书，便也留下了影响力。

第五章
讲故事的经济价值

第一节：不做"包子"做"披萨"

我们都知道，包子将馅料团团裹住而不露，低调而含蓄；而披萨，则是将所有的馅料都铺在饼皮表层，将其美味展露无遗，引诱观者口水直流。

中国人含蓄的传统一直要求我们要低调，要深藏不露，不要出风头。于是社会甚至提倡要向雷锋学习，做好事不要留名，不用被别人知道记恩。但是，做"包子式"的好人才是靠谱的吗？"披萨式"的好人就不值得提倡？

成龙在对西南旱灾区进行捐款时说过这样一句话："每一样东西，是时候给大家去解释。不然的话，小孩子不知道是怎么一回事。宣传是非常的重要，是往前看，不（只）是当前现在的事情，是以后的教育。"可见，在成龙看来，做好事不但要留名，还应该大力宣传，一来可以教会孩子们懂得感恩，二是能够让这种好的现象影响到更多人，让更多人感受到这个社会的温暖，让更多的人去效仿学习。

陈光标就很喜欢做好事并留名，并认为做了好事就应该给他荣誉。当他做的事情被指责为是作秀时，他说："对于作秀，要看你作的是哪一种秀，有真正的慈善秀，真正的慈善秀就是让人民群众、让老百姓看得见、摸得着的这种秀，是要大力弘扬，是值得我们去作的。"

被誉为"京城活雷锋"的孙茂芳，每次做完好事不仅要留名，还特别喜欢接受记者采访，看到登有自己事迹的报纸和书籍会高兴得合不拢嘴。针对一些人质疑他功利，他答复道："有人说我这是在宣扬自己，动机不纯。（我认为）不是，我在为雷锋做广告。我在宣扬党，宣扬正气，宣扬高尚的道德情操。""我就要理直气壮地讲,我要把'火'点到人最多的地方去,我要为雷锋精神做广告。"

确实,"披萨式"好人能将正能量扩大释放,更有张力。

除了做好人这件事,我们还有许多方面需要敢于"露馅"。高调展现自我,才能赢得机会。

战国时,秦国军队包围了赵都邯郸。赵王派平原君去说服楚王与赵国结盟出兵,解救赵国。平原君本打算从手下三千多门客中挑选二十人做随从,但挑来挑去只有十九人符合要求,正在着急时,有个名叫毛遂的门客自我推荐说:"让我去吧!"平原君笑道:"有本事的人,随便到哪里,都好像锥子放在布袋中,一定会露出尖锋来。可你来了三年,没人说起你的大名,可见没有什么才能啊!"毛遂说:"我如果早被放在布袋里,早就会脱颖而出,何止露出一点尖锋呢!"平原君见他说的有理,便带毛遂等二十人来到了楚国。而后毛遂用自己的机智和勇敢,说服了楚国答应与赵国订盟,出兵解赵国之围。毛遂也因此受到重用并留下了千古佳话。

试想,毛遂若不是选择了做"披萨",敢于自荐,站到平原君面前自我推销并展现自己的实力,何来"三寸之舌,强于百万之师"的美誉。

"世界上最伟大的推销员"乔·吉拉德有一个习惯:只要碰到一个人,他马上会把名片递过去,不管是在街上还是在商店。去餐厅吃饭,他给的小费每次都比别人多一点点,同时主动放上两张名片;在开个人演讲会时,他把自己的名片撒向观众;他甚至不放过借看体育比赛的机会来推广自己,在人们欢呼的时候把名片雪片般撒出去,将观众对球星的关注吸引到自己身上来。就是因为这样"厚脸皮"的自我推销,乔·吉拉德连续12年荣登吉斯尼世界纪录大全世界销售第一的宝座,他所保持的世界汽车销售纪录——连续12年平均每天销售6辆车,至今无人能破,更因售出13000多辆汽车创造了商品销售最高纪录而被载入吉尼斯大全。

在很多人看来,给人名片进行自我推销是很愚蠢很丢脸的事,但乔·吉拉德恰恰认为，那些愿意做出这种"愚蠢"之事的人，正是那些成功和有钱的人。他到处用名片，到处留下他的味道、他的痕迹，人们就像绵羊一样来到他的办公室。

可见，敢做"披萨"才能占得先机，创造奇迹！企业的经营之道，也莫不如此。

以前，还有人坚信"酒香不怕巷子深"的理论，以为只要酒够香够好，就不会被芸芸产品大流所淹没，不怕被"隔壁家"的酒给比下去。而后才发现，要在泱泱商海中立于不败之地，谦虚、低调是赢不来市场的。"人怕出名猪怕壮"时代已经过去了，如今是有名才有市场的时代。企业只有抛开"包子"思维，不断地包装宣传自己，勇敢地展现自己的优势，才能吸引人们的关注，也才能凭借"名人效应"引起一系列的反应，为自己赢来更大的成绩。

既然我们都知道了应该推销、宣传自己，那么接下来就是关注宣传的方法了。

第二节：品牌故事的八个维度

"品牌故事赋予品牌以生机，增加了人性化的感觉，也把品牌融入了顾客的生活……因为，人们都青睐真实，真实就是品牌得以成功的秘籍。"——杜纳·E·科耐普

因为知道了故事营销的神奇功效，很多企业开始选择卖故事的营销策略。但是，讲故事应该怎么讲呢？我们首先来看看讲故事可以从哪些方面去讲，如何成功地在品牌与消费者沟通的各个接触点上，始终如一地将品牌故事传递给消费者。

一般来说，我们的故事可以围绕以下八个维度来展开。

一、品牌背书

品牌背书是一种品牌营销策略，品牌为了增强其在市场上的承诺强度，通常还会借用第三方的信誉，然后第三方以一种明示或者暗示的方式来对原先品牌的消费承诺作出再一次的确认和肯定。

对背书品牌而言，其主要角色是向消费者再次确定，这些产品一定会带来所承诺的优点，因为这个品牌的背后是一个已经成功的企业。因为这种保证，消费者会觉得与这个产品之间有了某种联系，而不再陌生。特别是当一种产品是全新的时候，背书品牌策略显得更有意义。

比如三九药业的产品品牌都由"999"品牌背书，而且这种背书是强烈的、统治性的。具体表现为在产品品牌前面冠以背书品牌（口头上和视觉上）：三九胃泰、999感冒灵、999皮炎平、999帕夫林、999汉莎创口贴。

浏阳河、京酒、金六福等产品品牌也是由五粮液品牌背书，借着"五粮液"的东风，赢得名气和地位，可以使之在传播时有意将品牌背书的信息传达给消费者，从而赢得消费者的信任。

所以，讲故事可以以背书作为切入点进行宣传。

二、品牌创建者的故事

在商业社会里，企业家作为一个特殊的群体，他们可以代表某个企业或品牌的灵魂。营销可以通过挖掘这些品牌创建者的故事，通过讲其个人在生活、工作中的一些故事来展现个人魅力和光环，使人们从认识企业家再认识企业及品牌。

一些企业家由于其在卓越远见、创新精神和科学领导力方面的突出表现，在商业社会甚至公众心目中形成了强大的个体企业家形象，这时他们就可以以商业"巨擘"的身份出现，或者以娱乐明星的面目示人，

来宣扬商业理念和人生价值观念，抓住媒体和大众的眼球。社交网络Facebook的创始人马克·扎克伯格就通过带有传记性质的电影《社交网络》和《现在，我们接管世界：马克·扎克伯格传》等书目，讲述自己的一系列创业故事，加深了人们对马克·扎克伯格这个天才、怪才的认识，从而在他的魅力影响下，更加关注社交网络Facebook。

同样的例子还有很多。例如IBM的郭士纳、微软的比尔·盖茨、通用的杰克·韦尔奇、海尔的张瑞敏、联想的柳传志等。这些企业家经常利用各种商业或者慈善场合，通过传经论道来与商业同仁分享成功经验与失败教训，在生动的企业家品牌故事背后，人们想到的是值得信赖的企业品牌。这也是众多企业家选择写自传的重要原因之一。

三、品牌精神

品牌精神的本质是一种能够代表企业的富有个性的精神，它是品牌或品牌决策者在长期生产和经营中逐步形成的事业信念、价值观念或经营宗旨。在消费感性化的现代社会，卓越品牌的魅力就在于它凝结了理念、情感、象征等文化内涵。不少企业皆通过营销品牌精神故事创造了巨大利润。

Less is More，经典的设计不需要依靠花哨的装饰去过多点缀，流行稍纵即逝，但极简的风格将会永存，这就是香奈儿女士想要告诉人们的香奈儿精神。本着"服装的优雅，在于行动的自由"的理念，为了使女士们在驾车时，依然能保持独特的女性韵味，因此诞生了闻名于世的"小黑裙"。

"坚决不在温柔可人的道路上迷失自我"。身为一个女性主义斗士，Miuccia Prada女士靠自己建起了一个王国。她的女权观念也无不投射在其时装设计作品中：不会用意大利西西里式的田园与海滨浪漫粉饰一身，不会让蕾丝和雪纺爬进女人的衣橱。Prada女士用服装告诉每位姑娘：

女人当自强。这便是普拉达(Prada)的品牌精神。

"劳力士"公司的前身是"W&D"公司。由德国人汗斯·怀斯道夫与英国人戴维斯于1905年（清光绪31年）在伦敦合伙经营。1908年，怀斯道夫在瑞士的拉夏德芬注册了"劳力士"商标，"W&D"由此改为"劳力士"。劳力士表最初的标志为一只伸开五指的手掌，它表示该品牌的手表完全是靠手工精雕细琢的。以后才逐渐演变为皇冠的注册商标，以示其在手表领域中的霸主地位，它在全球最具价值的10大品牌中排名第三，是唯一的手表品牌。20世纪20年代，劳力士公司全力研制第一只防水手表。1926年，劳力士的防水表正式注册。劳力士手表的设计风格一直本着"庄重、实用、不显浮华"受到各界人士的喜爱，尤其是远东及中东地区的人士。

品牌精神满足了消费者的情感和心理层面的需要，成为竞争的关键要素。通过故事加强品牌精神的感染力和传播程度，无疑是许多营销团队的理想策略。

四、品牌理念

品牌理念是得到社会普遍认同的、体现企业自身个性特征的、促使并保持企业正常运作以及长足发展而构建的并且反映整个企业明确的经营意识的价值体系。

《圣经》里有一句话："哪里没有愿景，人们即将灭亡。"品牌愿景能够给人一种清晰的品牌聚焦和激励人心的凝聚力、感召力，一经确定就能形成一种无坚不摧的精神力量，推动着品牌不断前进。无论是万宝路、可口可乐、奔驰，还是IBM、强生、吉列，每一个卓越品牌的背后都有一种无形的力量引领着品牌前进的方向，就像迷雾中的灯塔，激励着员工为了共同的理想和目标而奋斗，这就是品牌愿景。一些聪明的企业懂得赋予愿景美丽的故事，使之通过情感元素的传播迅速被人们认识和接受。

采香佬沉香的品牌理念是：传播、传道、传世、传奇。采香佬沉香不为赚钱，只为传播悠久灿烂的中华香文化，成为新香文化的传道者，让广大客户见证采香佬沉香的传世价值，成就一段不朽的人间传奇。而其撰写的品牌故事无疑将该理念完整地解释给人们了：

采香佬品牌的灵感来自于东南亚朴实的采香香农，佬字的本义虽然粗俗，但用在这些香农身上，却让他们倍感亲切。所以，采香佬的品牌名称，表达的就是对香农的尊重与关怀。这些香农从公元前二世纪，当时中国的秦汉时期，便发现和懂得了沉香的妙用。随着王公贵族对沉香的喜爱和需求，沉香的价值一路攀升，很多山民便将采香作为养家糊口的职业。但是沉香的采取却异常凶险，特别是品质上乘的优质香木，大多隐没在人迹罕至的深山老林或埋藏于枯枝败叶、泥流和沼泽之下，所以采香者经常会受到虫蛇猛兽的侵袭及瘴气、毒气的威胁，很多香农为此而付出了生命的代价。

随着时代的发展，香农采香时所受到的生命与安全威胁已经大幅降低，但采香的过程依然非常困难。为了找到一块上等的好沉香木，这些香农经常一连数月都埋身于山林之中。有的时候，历经艰难，也只能找到几块质地一般的香木。

采香佬经营的都是这些香农采自原始丛林的天然香木材料，通过历代传承的技艺及现代科技的改良，精心塑造而成的传世珍品。每一款采香佬的沉香，都是极具灵性的宝物，都是天地之间的精华，只与福德俱佳之人有缘，只与布善修行之人相配。

沉香，是天父地母的宠儿，从不因为世人的追捧而轻易放下自己的身段。如果您此时已经与一款沉香结缘，请善加对待，她虽然不能言语，但是她的身世或者历史也许用万语千言也难以表达。当您静下来的时候不妨细细地品味，她独有的馨香一定会令您满心欢喜。

无疑，这个故事是对采香佬沉香理念"传播、传道、传世、传奇"最好的注解。

五、某项工艺的运用

工艺也是人们普遍关注的一个焦点。

1995年，制表大师罗杰·杜彼（Roger Dubuis）和设计师卡洛斯·迪亚斯（Carlos Dias）合作创立RogerDubuis罗杰杜彼品牌。该品牌矢志不移地追求前卫、突破与优雅，在高级制表领域是当之无愧的大师。而最重要的是，创意和严谨是Roger Dubuis罗杰杜彼品牌密不可分的两个奠基价值，他们始终对制表传统和制表工艺有着由衷的尊崇。

Roger Dubuis罗杰杜彼与Franck Muller等品牌大约同时期成立，是最早期以制表大师为名所成立的品牌，算是今天独立制表师品牌的先驱。罗杰杜彼的腕表被广为推崇与其拥有堪与百年制表品牌相媲美的工艺内涵是分不开的。"我一向赞成以现代的表现手法来呈现钟表工艺。也许这些表现方式对有些表迷来说可能过于前卫，不过由于我们在打造这些腕表时所使用的都是我在学徒时代所学习到，已经传承了数百年，拥有一套相当严谨规范的珍贵工艺技巧，因此这些腕表无论外在设计的形式如何，还是可以很轻易地与制表工艺传统链接"。工艺是唯一的坚持，从罗杰杜彼创立以来，腕表坚持100%通过日内瓦印记认证，只因为日内瓦印记能够为广泛传统制表工艺提供一个明确而具体的条文式规范，同时又有第三方公证机构进行认证，不失为一个客观公正的认证形式。

当这个工艺认证的故事开始传播时，罗杰杜彼的腕表想不红都不行。

六、产品风格

我们常常会听到这样一些词汇，如大气、稳重、商务、高档等，这就是形容产品风格的词汇。一般地，我们会根据客户需求来定位产品风格。而当风格定位好后，利用故事诠释产品风格，使我们的既定风格被客户接纳，又是另一种高明。

DISSONA服装品牌的风格定位是优雅、知性、奢华。只针对具有一定文化修养和社会地位，品位高雅，既时尚又内敛的女性而设。

DISSONA是这么给其风格注解的：

DISSONA坚持"最优质的皮料是灵魂"，每一块精选的上乘皮料，都经过多重繁复的步骤处理，融合奢华精品的设计信仰以及匠师独一无二的手工，为新时代的女性创造出高雅精致的皮具精品，诠释她们心中华美而坚韧的梦想，经过时间的沉淀，她带给人们的不仅是优质生活的感受，更是永恒追求美好的精神启发。

无印良品（MUJI）意为无品牌的商品，提倡简单生活的概念，它的产品以素雅为主，没有多余的色彩，却是最让我们人体舒适的颜色。它提倡致力于简约、自然、富有质感的生活哲学。从它的产品风格中，人们能感受到那份源于和式文化中极具代表性的禅意思辨的美学理念。"无

印良品"通过多种方式宣传自己这个富有哲学意味的产品风格,最终因产品风格能提供消费者购物的安心感、商品的流行感而获得了广大消费者的喜爱,品牌好感度更高达 51.1%,受到消费者的高度支持。

七、品牌发展过程中发生的典型故事

一般地说,企业的发展都要经历一个从"起始期"、"成长期"到"成熟期"的生命周期,在这个过程中,肯定发生了许许多多的故事,而这些故事无疑是最好的宣传元素。很多有卓识远见的企业,都会将品牌发展过程中发生的故事当作宝贵的精神财富,一来激励企业员工及未来继承人,二来争取消费者的情感认同。

1940 年,一位名叫歌顿禾夫的化学家希望为在二战中被烧伤的飞行英雄们发明一种润肤品,来滋润他们因汗腺和皮脂腺被大量破坏而变得极度干燥粗糙的皮肤。经过多年潜心研究,并且妻子也为他试过无数次

配方之后，他终于研制出一种能迅速渗透肌肤深层又持久锁住营养与水分，与肌肤完美结合的润肤品。而他的妻子也在这个研究过程中变得越来越年轻美丽。后来，这种润肤品迅速受到广大女性的喜爱。歌顿夭夫为它取了一个美好的名字："Oil of Olay"，这就是玉兰油 Olay 广为传播的"诞生故事"。

Brandy 白兰地也在广泛传播自己产生的故事：16 世纪时，法国开伦脱（Charente）河沿岸的码头上有很多法国和荷兰的葡萄酒商人，他们把法国葡萄酒出口荷兰的交易进行得很旺盛，这种贸易都是通过船只航运而实现的。当时该地区经常发生战争，故而葡萄酒的贸易常因航行中断而受阻，由于运输时间的延迟，葡萄酒变质造成商人受损是常有的事。此外，葡萄酒整箱装运占去的空间较大，费用昂贵，使成本增加。这时有一位聪明的荷兰商人，采用当时的蒸馏液浓缩成为会燃烧的酒，然后把这种酒用木桶装运到荷兰去，再兑水稀释以降低酒度出售，这样酒就不会变质，成本亦降低了。但是他没有想到，那不兑水的蒸馏水更使人感到甘美可口。然而，桶装酒同样也会因遭遇战争而停航，停航的时间有时会很长。意外的是，人们惊喜地发现，桶装的葡萄蒸馏酒并未因运输时间长而变质，而且由于在橡木桶中贮存日久，酒色从原来的透明无色变成美丽的琥珀色，而且香更芬芳，味尤醇和。从此大家从实践中得出一个结论：葡萄经蒸馏后得到的高度烈酒一定要进入橡木桶中贮藏一段时间后，才会提高质量，改变风味，使人喜爱。

这个故事让人们在喝白兰地的时候都能感受到那悠久的历史以及酿酒的用心。

八、品牌发展历程回顾

品牌是如何一步步发展而来的？这期间一次次打磨梦想的坚持与奋斗。当困难来袭时，你是如何击败它们的？回顾品牌发展历程，是对品牌发展的总结，也是赋予冷冰冰的品牌历史情感并传递给消费者的过程。

北京万科企业有限公司副总经理肖劲在2013中国房地产品牌价值研究成果发布会暨第十届中国房地产品牌发展高峰论坛上讲了万科的品牌历程故事，指出万科的发展经过三个阶段：第一个阶段是从2002年开始到2006年结束，他们把建筑与生活紧密地结合到了一起。第二个阶段是把建筑与新科技、节能环保、工业化、产业化相结合，那个时候他们提的口号叫建筑赞美生命。2007年他们换了一个LOGO，把万科两个字变成了大家看得见的窗花。第三个阶段主要就是参加上海世博会，他们有了一个展馆叫万科馆，起的名字叫2049。人们了解了万科的发展历史后，从心底里加深了对其品牌的肯定和认识。

茵曼（INMAN）是方建华于2008年创立的，是广州市汇美时尚集团股份有限公司旗下全资品牌。2012年年末，茵曼推出首部品牌文化书籍《理想国里的渺小》，用温暖的笔触和简约的插画来讲述茵曼创始人方建华和他太太相知、相爱及创业的经历，全面展示了茵曼品牌的发展历程。该书通过讲述个人感到自己的渺小，不知该如何平衡自己的工作与生活的故事，吸引辛苦打拼的都市人。这种情感导向型交流实现了品牌附加值的最优化，从而建立起初步信任，增加品牌认同感。

亚里士多德曾说："我们无法通过智力去影响别人，情感却能做到这一点。"经过情感故事包装过的事实，会以洪流般的势头迅速打开人们的心门，进而极大程度地影响人们的心理走势。

很多伟大的、个性十足的品牌，都是讲述品牌故事的高手。品牌的主要目的就是用情感和相关性将企业产品服务和消费者联系起来，为消费者创造一种迷人的、令人愉快和难以忘怀的消费体验。在企业的品牌发展战略中加入讲故事的原理，能够让品牌建设更加有效。

有故事的品牌便有阳光。企业可以以图书为载体，以品牌背书、企业家的故事、品牌精神的故事、某项工艺运用的故事、产品风格的故事、品牌理念的背后故事、品牌发展过程中发生的典型故事、品牌发展历程回顾的故事这八个维度为切入点，淋漓尽致地发挥感性引诱——赢取情感认同。

第三节：企业家是企业的"招牌"

有这么一个故事：

有个要卖马的人，一连卖了三天都无人过问，他就去见相马专家伯乐，说："我要卖一匹马，可一连三天都无人过问。请您无论如何帮助我一下。您只要围着我的马看几圈，走开后回头再看一看，我奉送您一天的花费。"伯乐同意了，真的去市场上围着马看了几圈，临走时又回头看了看，伯乐刚一离开，马价立刻暴涨了十倍。

卖马人的成功卖马正是基于他机智地采用了个人品牌带动消费的销售方法。因为伯乐精于鉴别马匹优劣的名气已经传出去了，伯乐的出现必然吸引了人们的眼球，因而带动了人们对马的关注和认可。

而企业家，很大程度上发挥着伯乐之于马的作用。

如果将企业比喻为好莱坞电影，则企业家就如同好莱坞影星。人们对好莱坞电影感兴趣的同时，也对好莱坞影星的生活同样有兴趣。一般地，人们了解一个公司往往通过对企业家的个人魅力与才能的一种认同，才会去了解公司的产品，进而产生一种对公司产品的忠诚度。因此，企业家可以说是企业的形象代言人，是企业的核心和招牌。企业家如果拥有良好的口碑和形象，肯定能给企业带来许多正面的影响。

从国际上对企业家品牌的发展看，几乎每一个成功的企业背后都有一个巨人屹立，即企业家品牌或企业家精神的人格化。如果说企业品牌是一条项链的话，那么，企业领导人品牌毫无疑问就是那颗位于中心的吊坠。项链本身的材质、形状、工艺固然重要，但最夺目的、具决定性价值的还得看吊坠的美丽程度，没有吊坠，也是一条项链，只是价值低一点，但有了一个打磨得特别精致的吊坠，项链的身价会顿时攀升。领导人品牌形象的打造，就像给企业品牌项链打造一个价值不菲的吊坠，如果打造的付出可以得到 N 倍的回报，何乐而不为呢？

因为，其一，企业家品牌作为企业品牌的一部分，很多求职者往往也是雇主产品的消费者，企业家品牌效应在人力资源市场乃至产品市场上都是一个宝贵的无形资产。最佳企业家拥有最敬业的员工，而最敬业的员工为企业带来卓越的经营结果和回报。其二，在与利益相关者的交往中往往是以个人形象出现的，即个人的信誉、人格魅力在社会网络中起了非常重要的作用。

就如爱迪生、松下幸之助，到比尔盖茨、韦尔奇，这些成功者的个人影响力，已经远远超越他所在的企业、国家，甚至一个时代……不管世界潮流如何变化，其品牌的光芒却永远如新。

我们中国的企业家也毫不示弱。精神"教父"柳传志，其个人品牌成功，已经不仅仅体现于无形资产，而是可以转化为真金白银。

企业家作为企业领导人，天然担负着企业发展的重要职责。要想建设企业家个人品牌，他负责的企业业绩必须绝对出类拔萃、令人信服。在天职方面，柳传志的业绩可谓"芝麻开花节节高"。

他先是带领着联想从中科院的一间小平房中起步，发展成为中国 IT 行业的领袖企业；接着，他成功地培养出了杨元庆和郭为两个接班人，并将联想一分为二，避免了"一山不容二虎"的悲剧。然后，他导演了鲸吞 IBMPC 业务的联想国际化大戏，并交班给继任者。他自己在投资界小试牛刀，随即成为一个成功的投资家，带领着联想投资、弘毅投资完成了多项出色的投资，还顺手打造了融科置地这个地产行业新秀。这些故事的传播使柳传志迅速为人们所熟知，所敬仰，很快形成了个人品牌。而在关键时候，这个个人品牌创造了 33 亿港元的价值！

2009 年 2 月，联想集团在连续亏损 11 个季度后宣布"柳传志复出担任董事长"，第二天，联想的股票大涨 11%。按照当时的市值计算，联想的股票市值增加了 33 亿港元。

此外，海尔的张瑞敏、蒙牛的牛根生、万科的王石等，都形成了企业家品牌效应，他们既是企业家自己又代表着企业，提起张瑞敏人们就会想到海尔，一说到牛根生就让人想起了蒙牛，提起任正非就会人们就想到华为。这些人作为社会名流而存在，自身的美誉度为企业增加了不少无形资产。而其美誉度的获得，很大程度是其向人们展现的企业家精神支撑起来的。

说到企业家精神，人们首先会想到浙商。

著名经济学家吴敬琏称道：浙江是一个具有炽烈企业家精神的地方。浙商的创业欲望和创业能力，就是一种资源和竞争力。他们每到一地，带去的是实干聪明的企业家精神，留下的是为当地创造的就业和税收，更重要的是他们的观念和思路，是一颗启蒙的种子，这是浙商对全国人民的贡献。浙商精神是勤奋务实的创业精神、勇于开拓的开放精神、敢于自我纠正的包容精神、捕捉市场优势的思变精神和恪守承诺的诚信精神。凭着这些精神，浙商在千锤百炼中"无中生有"，闯出了一片创业模式的新天地，取得了令世人注目的辉煌成就：浙江桐乡不出羊毛，却有全国最大的羊毛衫市场；浙江余姚不产塑料，却有全国最大的塑料市场；浙江海宁不产皮革，却有全国最大的皮革市场；浙江嘉善没有森林，却有全国最大的木业加工市场。也正是因为浙商具备的这些精神形成了良好的口碑，浙商的企业创造了一个又一个的运营传奇。

由此可见，挖掘、塑造和管理企业家个人形象，将企业家品牌、企业家精神作为产品来经营打造，可以成为企业重要的营销手段。

于是，不少企业家通过出版自传讲出自己的创业经历，塑造个人精神品牌。

万科董事长王石撰写了《道路与梦想：我与万科 20 年》这本书，讲述了万科是怎么起的家，如何一步步发展到现在地产行业的老大。从改革开放初期王石不甘平庸，愤然辞职离开国企铁路局去深圳闯荡江湖开始自己的创业之路的故事，人们觉得王石具备有胆魄、能吃苦，哪怕遇到再大的困难都不曾低头的坚强品质；从他在把万科总经理让位给一样有才的郁亮，自己甘愿做一个职业经理人这个故事中，人们认为他具有博大胸襟和团队精神；从他频繁热心慈善事业的故事中，人们认定他为人仁善……这本书让不少消费者被王石身上的光环所感动，并纷纷购买。

在中国的企业家群体中，俞敏洪一直以具有浓烈的理想主义色彩与道德感而著称和被尊重。他的一句口头禅是："想要把企业做大，你首先必须是个好人。"1995年俞敏洪去美国劝自己的同学加入新东方创业时，对方接受的理由之一是记得当年他在寝室做过的好事。"道德感很强"便是俞敏洪的呈现出来的企业家精神。

此外，在《永不言弃》一书中，我们知道了俞敏洪是农村出身，曾经生活也很拮据，但是在他看来，穷是经济上的，经济上的穷并不可怕，可怕的是知识上的穷。于是他不断学习身边的优秀人物，包括身边的榜样同学和书中的伟大人物，使自己的知识不断丰富，然后将知识又转变为能力和财富，从而改变了刚入大学时那个一穷二白的自己。这个故事让我们看到了俞敏洪的坚韧不拔、勤奋好学、追求上进的个人品质，塑造了一个正能量企业家的形象，为其企业添加了积极向上的情感色彩，自然引起了消费者的好感和关注。

也有企业家通过兜售自己的价值观赢取知名度来树立个人品牌。

不少企业家热衷于抓住一切有可能的机会，在行业的论坛、会议、媒体上发表自己的观点和构想，树立自己的观点旗帜，并且不遗余力地捍卫它。

在家电行业，前四川长虹电器股份有限公司董事长兼总经理、教授级高级工程师倪润峰曾经是个举足轻重的人物。他的一言一行，牵动着业内外无数人的神经，一会儿是长虹彩电降价了，一会儿是长虹彩电反击反倾销了，一会儿是长虹推出背投电视了……每一次，倪润峰都站在风口浪尖上，向世人述说长虹的观点。尽管对倪润峰的功过是非争议颇

多，但无可争议的是，他的频繁曝光，让人们牢牢记得长虹还是彩电业的 No.1。

被喻为"地产界的思想家"的冯仑在业界一向以言论麻辣、犀利、真性情闻名。他将他的思想第一次系统梳理，出版了《野蛮生长》一书。书中的"中国民营企业的成长和未来，简单的说，民营企业在经济、政治生活中的地位是怎么来的，又将向何处去。没人能够给出确切的答案，只能在历史和现实中寻找变革、转折的蛛丝马迹"。"历史就是要委屈一些人，它让你死，你就死了，这就是历史的代价"。"人心与钱心。其实钱也是有心的。钱是有腿、有性格的，也是有气味的。全球的钱 80% 是在美国和欧洲之间跑，20% 往新兴市场跑，这 20% 里的 50% 在中国"。"死亡是人生的朋友，也是人生的导师"等观点"惊为天人"，在社会激起了一股思想浪潮。正是这些观点和理论彰显了冯仑的个性，激发了人们对这个具有"不麻辣、不深刻、不性情，就不是冯仑"语言风格的企业家的兴趣，从而关注了他背后的万通集团、阿拉善 SEE 生态协会、全国工商联房地产商会、中华民营企业联合会等。

企业家是企业的"招牌"，打造企业家品牌，有利于提高企业的知名度、社会声望，拓展企业精神、品牌内涵，为企业参与国际品牌竞争中争取最大优势。所以，将企业家的形象塑造好了，无疑给企业插上了飞翔的翅膀。

而企业家出书，是塑造企业家形象的重要手段。企业家可以通过出书把创业故事及经历与消费者分享，也可以激扬文字高谈阔论，将自己的观点、价值观传递给读者，最终实现情感带动消费。目前，很多世界 500 强企业平日投资的广告并不多，但企业家的名字早已刻入了人们的脑海中。主要是因为他们很好地运用公关营销的手段，通过媒体、出版等软手段，不做广告而达到了比做广告更好的效果。

第五章 讲故事的经济价值

第四节：说出企业故事"混脸熟"

说出企业的故事，可以提高企业的曝光度，引起人们对企业的关注；说出企业的故事，是将企业人格化，展现企业文化的过程；说出企业的故事，是以一种受众喜闻乐见的方式，促进企业与客户沟通的过程。

很多企业家都意识到了说企业故事的重要性。所以他们讲企业从创办到发展、成熟的历程，讲企业某个品牌背后的故事，讲某项设计、工艺的来源，讲企业管理的小窍门，讲某个产品推送过程发生的故事。这些讲述，目的只有一个，就是让受众认识企业，消费者接受企业的产品，并成为企业品牌的忠诚拥护者。

为了最大限度地发挥企业故事的作用，有些企业找来专业的撰稿团队撰写企业传记。在他们看来，一本全国发行的畅销的企业传记，是一座企业快速发展的里程碑、一份老板可以送人的高雅礼物、一次历史性的品牌华诞、一份老板给所有员工的厚礼、一次媒体关注的焦点，能够带来全方位与超深度的广告效应，使企业凝聚力得到持续加强、企业文化得到空前张扬、企业的先进经营管理理念得到广泛传播、企业的知名度与美誉度得到进一步提高、企业员工归属感得到增强、企业员工自豪感得到满足，还是制作企业宣传片的好剧本。而这一切，最后都将转化为企业的长远经济利益与社会荣誉，这样的结果也正是企业所追求的终极目标！

笔者认为，企业传记确实发挥着巨大的"软实力"作用。

让企业名字频繁出现，提高企业知名度

某某明星如何如何了，又和某某明星卷入了"蜜恋"之类博人眼球的新闻爆发频频，几乎每一天各大网站都有相关消息爆出来。然而经查

第五章 讲故事的经济价值

证，其中不乏假新闻，或者被男女主角直接澄清"没有那回事"。但是类似消息却依旧如春天的野草，劲长不息。有人分析，这背后的绯闻可能正是事件主角自己策划的。为什么呢？为了提高曝光度和知名度呗，没有知名度的明星很快被列入"过气"的行列，迎来的将是被娱乐圈淘汰的命运。确实，一个事物只有不断地被反复提起，反复出现在受众眼里，才能被记进脑里，才不容易被遗忘。特别是对于企业来说，被认识、被记住显得尤为重要。首先，品牌的知名度越高，在消费者进行购买时越占有利的优势。很多研究表明，消费者并不只是钟情于某一特定的品牌，而是会对同类产品中某一些品牌比较钟情，经常在购买时会进行比较，选择品质与价格都比较合理的品牌，然而，只有知名度很高的那些品牌才会被消费者选择，这样就大大增加了这些品牌在消费者购买时的优势。其次，品牌的知名度越高，消费者对其越忠诚。由于同类产品的品牌实在是太多了，消费者在进行购买时很难抉择，这时高知名度的品牌往往成为消费者选择的对象，进而成为这一品牌的忠实消费者。毕竟知名度越高的品牌，越容易建立起消费者对品牌的信心，令消费者成为它们的拥趸。

而当下，信息种类繁多、杂而乱，越是不出声，越是沉默越容易被信息大流淹没！只有不断地增加自己的出现频率，不断地曝光自己，提高自己的名气，才能赢得市场。

所以，许多企业选择了用故事增强情感诉求的方式，在确保不引起消费者反感的前提下，不断地让企业或品牌的名字频繁地出现，以占领消费者的耳目，从而占领市场。

凤姐、芙蓉姐姐一开始采用夸张手法吸引观众注意成为了"网红"后，又利用自己的名气拍写真、做节目、写专栏等，生活越过越滋润。同样的道理，当企业有了足够的曝光度、名气出来了后，也必然会因名人效应带来系列连锁反应，滚雪球般名气越滚越大，影响力也越来越大。

因此，出版一本书，整本书里企业及品牌可以被当做主角和核心，无数次出现在人们的视野里，无数次刻入人们的脑子里，达到了"雁过留名"的效果，必能影响着读者日后的购物选择。

说出品牌来源的故事

任何人如果看着一个孩子出生，总会对他生出一些特殊的感情。同样，人们如果知道了一个品牌的诞生故事，无疑会自然地生出亲切感，从而更容易接受产品。所以我们经常看到很多企业出的书目里，不论是人物传记还是产品推介书，都会想尽办法宣传讲述是如何创立出该品牌的，以此拉近产品与消费者之间的距离。而图书具有内容系统全面、保存持久等特点，使之赢得了许多企业的青睐，被选择作为企业讲故事的重要载体。

可口可乐的故事宣传不曾停过，《可口可乐帝国（第2版）》《卖水的哲学：无处不在的可口可乐》《百事可乐与可口可乐》《可口可乐的征服：全球超级商业帝国董事长自述》《可口可乐内幕》《可口可乐全攻略》等书披露了可口可乐的成长过程，其品牌的诞生故事更是让千万受众在感受到生活之奥妙的同时记住了它：

艾萨·坎德勒原是亚特兰大的一名药剂师，多年来，他一直被头痛折磨得受不了，那是因为他小时候在一次出行中遭遇了车祸，结果，马车的车轮压破了他的头盖骨，致使他从此患上了严重的偏头痛。直到1886年的某一天，艾萨从另一名叫约翰·潘普顿的药剂师的店里喝下了一种新配方的药剂后（也就是可口可乐的前身），立即头痛减轻了很多，艾萨立即意识到这种新配方的巨大市场潜力，一定要想法设法将其弄到手。四个星期后，艾萨如愿以偿，他只用了2300美元就买到了这个新配方，并且对它进行了调整，并给它取一个奇妙的名字"可口可乐"。

这个故事传播后，人们很快便对曾为"药"的可口可乐充满了好奇和惊叹，为之倾倒。

《五粮液收藏投资指南》《中国五粮液近全品书籍》等对"五粮液"来源的宣传故事也是一个典范案例。

"五粮液"作为百年品牌,其名字也历史悠远,它是由晚清举人杨惠泉所命名,而此前,它被老百姓叫做"杂粮酒",在文人雅士中被称为"姚子雪曲"。

1909年,在四川宜宾县团练局局长雷东桓的安排下,宜宾众多社会名流、文人墨客汇聚一堂。席间,"杂粮酒"一开,顿时满屋喷香,令人陶醉。众人不约而同发出一阵美誉,这时惟独晚清举人杨惠泉沉默不语,他一边品酒,一边似在暗自思度。忽然间他问道:"这酒叫什么名字?""杂粮酒。"邓子均回答。"为何取此名?"杨惠泉又问。"因为它是由大米、糯米、小麦、玉米、高粱五种粮食之精华酿造的。"邓子均说。"如此佳酿,名为杂粮酒,似嫌似俗。此酒既然集五粮之精华而成玉液,何不更名为五粮液?"杨惠泉胸有成竹地说。"好,这个名字取得好。"众人纷纷拍案叫绝。一个传世品牌就此诞生。从此,"五粮液"开辟了一个白酒品牌的新世纪。

这个故事不仅将"五粮液"的来源交代清楚了,连"五粮液"的成分都有所介绍,"'五粮液'作为百年品牌,其名字也历史悠远,它是由晚清举人杨惠泉所命名"更赋予了其浓厚的历史气息,好酒越久越醇,想不吸引人都难啊!

说出企业管理的故事

讲述企业管理中的大事小事生动事,既展示了企业管理者的智慧和风范,又将公司的企业文化渗透到每位读者的意识里。

戴尔公司的企业传记中,必提到"戴尔交钥匙"的故事。戴尔在大学创业时,手里握着公司大门唯一的一把钥匙。但他经常因晚睡晚起的习惯,耽误了公司员工的上班时间,影响了公司效率。在发现自己难以做到早到公司后，戴尔明智地把公司大门的钥匙交给了别人来掌管。并且，他交出去的钥匙，也不只是公司大门这一把。

有一天，当他正在办公室忙着解决复杂的系统问题时，有个员工走进来，抱怨地说："真倒霉，我的硬币被可乐的自动售货机'吃'掉了。"戴尔不解地问："这种事为什么要告诉我？"员工理直气壮地说："因为售货机的钥匙是由你亲自保管的啊！"于是戴尔明白了，自动售货机的钥匙应该立刻交给别人保管了，一切该交给别人保管的钥匙都应该立刻交给别人保管。

就是因为戴尔交钥匙的故事，人们看到了戴尔敢于"放权"舍得"放权"的管理理念，不少员工被戴尔这种讲究民主、变通、善作领导的品质所吸引；外界更是给了戴尔很高的评价，认为戴尔公司遵循了著名的授权定律："上层授权面应占分内工作的60%–85%，中层授权面应占分内工作的50%–75%，基层授权面应占分内工作的35%–50%。"在这种管理故事的宣传下，戴尔有了很赞的口碑，公司也发展得越来越好。

《海信集团考察》一书也披露了海信集团董事长周厚健的用人标准。

"你是不是'善良'，是不是具有同情心，是我及海信用人的首要标准。道理很简单，你只有待员工好，关心他们的利益，他们才能对'产品'好，进而对客户好、对合作商好、对消费者好。所以，这是一个朴素的并不冠冕堂皇的选人用人标准。"周厚健在公开场合发表过自己的用人标准。在他看来，物以类聚、人以群分。海信已有7万多名员工，业务遍布世界30多个国家和地区，发展的首要问题是"价值观"的统一。"诚实、正直、务实、向上"是海信的核心价值观，而"善良"则是这个核心价值观的"核心"。"善以待人"必须成为7万多名员工的"同一个声音"，也是能凝聚大家的最牢固的"黏合剂"。

这些故事的传播，无疑为海信员工树立了处事"航标"和"取向"。此外，周厚健还公开发表说明，"善"的背面是"恶"，作为企业，扭曲价值观、降低标准、蒙骗消费者的行为，就是"恶"。而"恶"严重透支企业未来，靠"恶"所换去的利润都是"坏利润"。"坏利润"是毒品，企业一旦迷恋，则丧失了以技术进步、管理提升、价值创新所做的艰苦努力的能力，企业不会有未来。

作为一名消费者，听到这段话，对海信的信任度肯定大增。广大消费者买东西不就是图个放心吗？海信这样的企业文化，让知道的消费者吃了颗"定心丸"。

第五节：注意力带来购买力

当今世界最怕的就是默默无闻。只有吸引了足够的注意力，才能利用这种效应创造价值。

所以自古以来，都有人削破脑尖地去吸引注意力。比如很久以前的传奇人物姜太公。

姜太公整日勤奋刻苦地学习天文地理、军事谋略，研究治国安邦之道，期望有一天能为国家施展才华。但虽然他满腹经纶、才华出众，但在商朝却一直怀才不遇。于是姜太公来到了西部周国姬昌的地盘。而彼时西周姬昌倡行仁政，发展经济，实行勤俭立国和裕民政策，社会清明，人心安定，国势日强，天下民众倾心，自然不缺人才。怎样才不让自己淹没于诸多人才之中，吸引帝王姬昌的注意力呢？他斟酌着，结果采取了"行为艺术"——直钩钓鱼，愿者上钩。结果这事一传十，十传百，很快被姬昌知道了。了解到姜太公确实有才后，姬昌赶紧沐浴斋戒带着厚礼，前往礼聘太公，并尊他为"太公望"。

姜太公就是凭借吸引注意力成功地把自己推销出去的。可见，注意力是"软实力"。

诺贝尔奖获得者赫伯特·西蒙在对当今经济发展趋势进行预测时指出："随着信息的发展，有价值的不是信息，而是注意力。"同时，跨领域经济学家、2011年阿玛蒂亚森经济学奖得主陈云也说："未来30年谁把握了注意力，谁将掌控未来的财富。"美国学者迈克尔·戈德海伯也在文章中提及："获得注意力就是获得一种持久的财富。在信息爆炸的新经济下，这种形式的财富使你在获取任何东西时处于优先位置。"

如今，在网络或者信息社会中，稀缺的不是物质，更不是信息，而是注意力。人们的注意力已经被爆炸式的信息容量和碎片化的接收手段切割得四分五裂。于是，注意力资源的稀缺性成为它得以转化为现实财富的筹码。其次，在传媒经济中，注意力比货币更加重要。就像人们无法用货币购买时间一样，同样无法用货币购买注意力。有人甚至认为，负面的注意力也比没有注意力要好。

"帮汪峰上头条"的事件可谓在一定时间内达到了全国火热的地步。9月13日，汪峰发布一篇上千字图文并茂的离婚感言，瞬间就被王菲李亚鹏的离婚消息淹没；11月9日，汪峰在演唱会上向章子怡深情表白，没想到转眼就被恒大夺冠的消息冲到不见；11月13日，吴奇隆刘诗诗、杨幂刘恺威等多对娱乐圈情侣组团式公开恋情或婚讯，让本来可以凭新歌登上话题头条的汪峰再一次落了空。于是引发了网友的戏谑"帮汪峰上头条"，瞬间汪峰抓住了全国人民的眼球，"上不了头条的命"，"帮汪峰上头条"，"章子怡力挺汪峰上头条"等相关话题在微博持续发热，纷纷登上微博热门话题。最重要的是，汪峰的单曲《生来彷徨》也成为微博话题24小时榜top1，终如愿上了头条。其个人演唱会更是丝毫未受到负面影响，反倒是场场爆红，门票告罄。

"帮汪峰上头条"不仅为汪峰带来了其他热门事件难以带来的广大曝光度，更让其赚了个钵盆满满。

这个注意力带来的经济实效引起了许多经济学家的关注。注意力就是财富，一点也不假。

尤其是对企业而言，注意力更是发挥着不可估量的作用。但是赢得注意力却不是件容易的事。在当今这个信息化的时代，人们每天每时每刻都会收到无数的信息。广告、短信、电话、网络信息不停地轰炸着人们的眼睛和耳朵。如果人们对这些信息全都做出反应，毫无疑问，那一定会变得手忙脚乱、六神无主，最终瘫痪在招架不住的环境中。

每个人的注意力都是有限的，因此，只有让受众在诸多繁杂的信息中快速解脱并把焦点放到我们身上，被我们所吸引，才有可能抓住受众的眼球，赢得理想的市场反馈。

而如何才能成功地吸引消费者的注意力呢？我们知道，男女双方产生爱情的基础一般是日久生情。只有双方相处久了，有了充分的了解，进行了"走心"的交流，才水到渠成地产生出爱情的火花，这样的感情也才最牢固。同理，产品要赢得消费者的"芳心"，要赢得品牌忠诚度，就必须来一场"走心"之旅——与消费者做朋友，把故事说给消费者听。

所以很多企业和企业家都抓住了消费者爱听故事的特点，把品牌背后的生动故事、企业家个人艰辛创业的故事、企业内部管理的生动细节，毫无保留地奉献给消费者，让消费者了解自己，读懂自己，继而赢得情感认同，一举拿下市场。

以情感为纽带赢得消费者，品牌忠诚度也相对高些。忠诚度是消费者心灵对品牌深度认同而建立的品牌选择偏好性。品牌忠诚度是品牌传播、品牌品质、品牌使用体验综合作用形成的结果。品牌的战场乃在广袤心灵之间。

一些 iPhone 4S 的用户曾抱怨，手机电池续航能力不足，即使不怎么用手机，电量也会突然迅速下降。

但这会有损苹果的声誉吗？人们抛弃苹果，转而拥抱其他品牌了吗？苹果的公共关系团队开始恐慌了吗？没有。虽然耗电问题位列新版 iOS 5 操作系统诸多问题之首，引起人们的焦虑和不满，但人们从《硅谷狂夫——乔布斯和苹果电脑传奇》《乔布斯的秘密日记》《苹果教父乔布斯》《"苹果"大王乔布斯传》等书籍中看到了乔布斯的人格魅力，也记住了他对苹果产品富有的强烈热情，并保证着它们质量最高、设计最前沿的

第五章 讲故事的经济价值

故事。所以人们是不会介意苹果的这点瑕疵的，因为只要乔布斯的精神和理念还在，他们就相信苹果只是一时"贪玩"的孩子，本质却永远不会让人失望。

这就是用户对苹果忠诚度的生动体现。哪怕品牌出现了某些错误，人们也会选择包容它、原谅它。品牌忠诚度在苹果全球范围内的成功起到了重要的作用，这点毋庸置疑。

可见，如何成功地吸引消费者的注意力，并培养品牌忠诚度，是一门颇值得深研的学问。

第六节：图书的宣传优势

据有关数据统计，人物传记类图书的市场容量在不断扩大，长期霸占了销售量的榜首。如《杰克·韦尔奇自传》《谁说大象不能跳舞？IBM董事长韩士纳自传》等。

市场需求的扩大与市场发展所带来的巨大市场收益，大大提高了众多出版社对人物传记类图书市场的关注程度，很多出版社纷纷加大在这一选题开发上的投入力度，人物传记类图书的市场营销品种数同样获得了有效的增长。人物传记类图书的细分类别并不十分明确，主要包括将帅首脑、历代帝王、古代人物传记、近现代人物传记、财经人物、文学家、女性人物、世界名人、企业家传记等多个分类。值得关注的是，近几年的人物传记类图书市场上体育明星和财经人物、企业家题材的传记颇受读者关注。在体育明星方面，2011年NBA华人球星林书豪迅速蹿红，图书市场中同时出现多部记录林书豪成长经历的传记图书，林书豪的个人得到了空前成功的营销，几乎无人不识这名球星。在2013年的某次数据统计中，被命名为"林书豪传记"的图书作品多达13本，出版社也涉及12家，其中包括新华出版社、东方出版社等。

在财经人物、企业家传记方面，《史蒂夫·乔布斯传》的出现引领了一股潮流，三年出版品种数量已达42种，28家出版社均参与出版。像李开复、李彦宏、马云等中国企业家也均有多部传记类图书在架销售，成功将个人和企业推送、展示到受众面前。

对于很多企业和企业家而言，他们似乎"出书成瘾"，出版图书是他们进行宣传营销的重要手段。他们为什么纷纷选择了出版图书的宣传方式？图书宣传到底有什么优势迷倒了他们？

从宣传的投入成本和收效来看，与其他媒体广告的费用相比，图书宣传相对地具有投入成本低、收效高的明显特征。

网络广告虽然具有覆盖范围广、费用低廉等优点，但互联网推广容易被海量信息淹没，没有人能保证投入的广告能够每天排在最前面，最显眼的位置或是搜索的第一名。其次，网络广告效果评估困难。目前对网络广告效果的评估主要是基于网站提供的数据，而这些数据的准确性、公证性一直受到某些广告主和代理商的质疑。另外，网络广告供选择的广告位有限。目前网络广告的形式不外乎"旗帜广告(banner)"和"图标(icon或button)"等，而每个网页上可以提供的广告数码电子杂志广告位置是很有限的。此外，调研数据的匮乏使人们无法掌握完整的有关网上人口形态的调研、网络消费习惯的调研、网络广告的流量监测和网络广告效果的调研，这给广告投放的针对性造成了较大困难。

在报纸上投放广告虽然有可以借助报纸的特殊新闻性，增加报纸广告的可信度，但同时也存在着以下缺点：1.报纸在编辑方面内容繁多，易导致阅读者对于广告的注意力分散。2.报纸在内容上众口难调。报纸并不是根据人的职业和人的受教育程度来发行和销售的，因此，在不同年龄、性别、职业和文化程度的人那里，报纸的作用是不尽相同的。3.报纸的信息量太大，广告投入后不容易被找到，并且发行的报纸还受到地域的限制。而如果选择国家级大报的话，成本又比较高，一个全版的广告费就达十几万元。4.报纸在印刷上比较粗糙，色彩感差。在我国，报纸多

黑白印刷，彩色印刷尚未普及。受到印刷水平的限制，在文字和图片上质量较为粗糙，在图片色彩上还显得比较单调。5.报纸在发行上寿命短暂，利用率较低。由于报纸出版频繁，使每张报纸发挥的时效都很短。一般情况下，许多读者在翻阅一遍之后即顺手弃置一边，因为没有人愿意去"复习"昨天的报纸。

　　电视虽然是目前受众量最大的媒体，但存在一些如广告的质量不好，可能给人以厌烦的感觉；广告费用和投入较大，可能小公司承担不起；广告的虚假成分过多就会影响产品的推广；对观众的选择性差，受众很广但不是所有的受众都需要该产品和服务；展露瞬间即逝、保留性不强，除非成年累月地"轮番轰炸"否则难以给观众留下深刻印象等缺点。此外，目前看电视的人变得越来越少，很大程度上影响了广告的覆盖度。

　　至于广播广告，存在着传播效果稍纵即逝，耳过不留，信息的储存性差，难以查询和记录；线性的传播方式，即广播内容按时间顺序依次

排列，使听众受节目顺序限制，只能被动接受既定的内容，而不能进行自行选择；广播只有声音，没在文字和图像，听众对广播信息的注意力容易分散等劣势。

相较之下，图书在内容上都是以故事的形式呈现的，而故事具有很强的吸引力，使人们能够在愉快的阅读中，潜移默化地接受企业传递的信息并留下难以磨灭的印象，进而乐于传播并吸引更多的人主动"围观"。其次，图书在出版上是严审严控的，这在很大程度上增强了其可信度和权威。再次，图书在传播上更容易让人随时阅读，而不用搜索和爬楼，不容易被庞大的信息流所掩盖。此外，图书在价格上更是有不可替代的价格优势，相较电视、整版报纸投放广告动辄十几万甚至上百万元的投入，图书的分量显然要比报纸厚重得多，但价格甚至比之还低，图书宣传的性价比是最高的。另外，图书的时效性长，受众的阅读有效时间较长，可重复阅读，它在相当一段时间内具有保留价值，因而在某种程度上扩大和深化了广告的传播效果。并且，图书宣传还具有针对性强的特点。每种图书都有自己的特定读者群，所传播的每一个人都是企业的准客户，企业也可以面对明确的目标公众制定传播策略，做到"对症下药"。可以从下面那张图表简略看出各媒体的优劣势：

事项	图书	电视	视频	互联网	杂志	口传
成本投入	10-20万元	15万/每秒	2万/每分钟	1-100元/次点击	5000元以上/版	不花钱，费时间
受众	最精准，真正传播给每位需要的人	受众广，不一定能传播给需要的人群	有限制，不是所有的人看得到	被搜索到也有可能不被点击	范围太窄	太少
传播时间	最长	最短	相对长	很短	很长	太费时间

总而言之，图书对企业而言是最具有持久性效力的企业品牌的"广告"，书中可以借助故事的形式，巧妙地描述该企业的技术优势、产品价值、生产流程等重要信息，并附有大量精美图片，自然而然包含了对其产业的核心产品的性能和精益求精的质量保证的弘扬。这是其他 CI 形象设计所无法达到的效果。

第六章
会讲故事的"巨人之路"诞生了

第一节：赤手空拳打下的出版王国

北京辰麦通太图书有限公司成立于 2007 年 4 月，注册资金 2017 万元。公司主营业务为新书出版、发行；大、中、小学、社会图书馆馆配；图书馆馆配图书集中采购项目投标业务。如今，该公司业务仍在不断扩展。2015 年 5 月 15 日，北京辰麦通太图书有限公司成功在上海股权托管交易中心挂牌，成为一家上市公司。

可以说每一个成功企业的背后都有一部励志史。辰麦通太图书有限公司自然也不例外。

2005 年，辰麦通太图书有限公司的创始人王烨和伍英抱着火热的出版梦，毅然决然地辞职了，携手开启了漫漫创业路。

创业的道路是艰辛的。开始他们两人手头资源有限，只能从"小"——库房做起。在馆配领域均积累了一些经验的他们认为，万事开头难，要先把开始的基础打好了，以后再慢慢拓展就容易多了。于是两人对自己的创业进行了一番详尽的规划后，一腔热血地为自己的图书寻找放置的库房。而这在繁华的北京却不是一件容易的事。北京昂贵的地价给两个刚开始创业的年轻人泼了冷水。几经辗转，在资金的制约下，他们只能选取了一处较为偏远的地段租下了库房。对于他们二人来说，偏点远点吃点苦倒是没什么，但偏远的地段确实给创业的开展形成了很大阻力。而当时他们唯一的交通工具就是一辆自行车。进货、送货甚至是接送客户都只能依靠这台自行车往返实现。为了能够在固定时间回到库房开始一天的营业，他们都是在凌晨三点——别人都还在深度睡眠的时候踩着自行车出发，前往潘家园淘书。载到货物时，常常是王烨在前

头控制着自行车的方向，伍英则在后头跟着推车。冬天还好，他们就当是做"健身运动"，然而到了夏天，每走两步路两人就汗流浃背。有时送货，赶上路程遥远货物又多的时候，俩人只能推着自行车一步步走，回到家时常常已经是万家灯火了。

进货、送货这些只需要他们"单向"完成的事情顶多是辛苦了他们，在他们看来，反正还年轻，多吃点苦不碍事。真正让他们烦恼的是接送客户。每当有客户来视察看货时，由于没有卡车，他们都只能磨破嘴皮子解释，让客户坐公交到距离库房尚有1公里的公交站下车，他们再用自行车去搭载客户。每次提到自己会骑自行车过去接客户的时候，王烨伍英都觉得颇难为情。因为他们很担心自己给客户造成的"不方便"让客户不满，从而黄了好不容易找上门来的生意。遇上难缠点的客户，经常一见接送自己的是一辆自行车的时候，心里便看低了这对刚开始创业的年轻人，口气态度充满轻蔑。而王烨也只好一脸谦逊地陪着笑脸，竭力用自己优质的服务以及突出的图书质量给自己加分。

2006年5月的时候，随着经济好转，他们租了一家位置不那么偏远，相对而言处于图书采购中心的库房。但由于经验不足，他们的图书销售并不是很理想，资金周转不过来。而这个时候，伍英原来就职的中版在线图书有限公司的老板冯晓林董事长给予了她极大的帮助。冯晓林董事长非常信得过王烨和伍英的诚信品质，特别放心地让他们先拿图书去出售，等他们获得资金之后再付货款，而王烨原来就职的公司也给予了他同样的支持。对此，两人心里充满了感激。可惜的是，很长一段时间里，图书的销量都没有提上来，后来为了兑出资金维持正常的运营，他们只能先低价售书。在这个过程中，王烨感觉压力非常大，有时也产生过一丝迷茫，不知道接下来的路该如何走。而每次伍英都会给他打气："别忘了我们当初怎么走上了这条路。既然都走到这了，就不能半途而废！熬过这段时间，总会变好的。"在炽热的梦想和伴侣的鼓励下，王烨一次又一次地坚定了自己的决心——一定要挺住，不见彩虹心不休。

在两人的坚持和积极探索下，图书销量渐渐有了起色。2006年6月，他们成立了自己的第一家图书公司——北京摆渡清风图书有限公司。而此时，公司也小有规模，组建了一只小小的创业团队，而不再是只有他们两个人运营了。这个时候，他们也终于购买了一辆松花江客货两用车，进货、送货以及接送客户都比之前方便了很多，也解决了之前的许多由自行车运输带来的烦恼。

然而，如古人所说的，"天将降大任于斯人也，必先苦其心志，劳其筋骨，饿其体肤，曾益其所不能"。买了新车才乐了没多久，回家过了春节再来到北京的时候，他们发现自己的松花江客货两用车被偷了！当时两人心急火燎地报了警，但是依然没能追回这唯一的交通工具。

但，生意还要做下去的，公司还是要运营的。两人没有时间沮丧，也不给自己沮丧的机会！他们知道，生活有时是会跟他们开开玩笑的，熬不过去就是笑话，熬过去了就能笑成一朵花。于是，两人互相鼓励着，打着"鸡血"解决眼下的困境——遇到要送货接送客户的急切时刻，厚着脸皮向住在同一个大院里的邻居们借车。为了讨得邻居们的乐意，他们每次借车都帮邻居洗干净车并加满油。但毕竟不是长久之计，几次下来，大院里的邻居见着他们就躲。

之后他们又遇到了进货困难、资金短缺等问题，但这些困阻只会磨炼他们强大的内心并使他们在反复摸索中探出了自己的路子。2009年，他们收购了一家图书有限公司并更名为北京辰麦通太图书有限公司，正式开始了自己的出版业道路。

如今，辰麦通太在8年的风风雨雨中，由一个羸弱不谙世事的小雏鹰长成了展翅翱翔的雄鹰。8年来，辰麦通太已策划出版图书800余种，与中国商业出版社、文汇出版社、中央广播电视大学出版社、江苏美术出版社、百花洲文艺出版社等30多家出版社建立了良好的战略合作关系。8年的不懈努力，使之已经发展成为国内民营图书出版发行行业具有影响

力的企业，更在 2012 年加入中国书业发行协会、2014 年加入"全联书业商会图书馆装备委员会"并被推举为副主任单位。自 2014 年年底，辰麦通太一直致力于商业模式升级，2015 年 5 月 15 日在上海股权托管交易中心挂牌。

而这个永不止步的企业却并不满足现状。已成为辰麦通太董事长的王烨和总经理的伍英清楚，企业的生命力在于创新。在新时代的市场背景要求下，辰麦通太始终保持着"运动"的状态，不断地调整自己以适应市场的发展规律。如今，辰麦通太图书有限公司正怀着一个"巨人的梦想"的美好憧憬，着重推出的一个大型文化宣传项目——"巨人之路"。

第二节："巨人之路"的美丽传说

在北爱尔兰贝尔法斯特西北约 80 公里处的大西洋海岸，沿着海岸悬崖的山脚下，大约有 3.7 万多根六边形或五边形、四边形的石柱组成的贾恩茨考斯韦角从大海中伸出来，从峭壁伸至海面，数千年如一日的屹立在大海之滨。

而这个奇特的地质因为爱尔兰美丽的民间传说被命名为"巨人之路"。

其中一种说法是："巨人之路"是由爱尔兰巨人芬·麦库尔建造的。芬·麦库尔把岩柱一个又一个地运到海底，铺出一条路来，好方便他成功走到苏格兰去与其对手芬·盖尔交战。当麦库尔完成了"铺路"这个工序时，他决定先休息一会儿，养精蓄锐再战。而此时，他的对手芬·盖尔相信"知己知彼百战百胜"，于是决定穿越爱尔兰来提前了解打探一下麦库尔的虚实。谁知他刚到就被眼前的一幕惊呆了：躺在眼前睡着的麦库尔身躯巨大无比，个头比自己不知道大了多少。麦库尔的妻子是个聪明的女人，为了达到不战而胜的结果，她对芬·盖尔说道，这个熟睡的人其实只是巨人芬·麦库尔的孩子而已。芬·盖尔听了更是吓得不轻，连孩子都这么巨大,那他的父亲该是怎样的庞然大物啊!他感觉自己肯定打不过麦库尔,为了自己幸免于难,他匆忙地撤回苏格兰,并毁坏了其身后的堤道,以免芬·麦库尔走到苏格兰。如今堤道所有位于安特里姆海岸上的残余石块就是他毁掉的堤道的痕迹。

还有另一种说法是:"巨人之路"是爱尔兰国王军的指挥官——巨人芬·麦库尔为了迎接他心爱的姑娘而专门修建的。传说爱尔兰国王军的指挥官巨人芬·麦库尔力大无穷,一次在同苏格兰巨人的打斗中,他随手拾起一块石块,掷向逃跑的对手。石块落在大海里,就成了今日的巨人岛。后来麦库尔爱上了住在内赫布里底群岛的巨人姑娘,为了接她到巨人岛来,特意建造了这么一条堤道,这个堤道就被称为"巨人之路"。

当然,传说只是传说。据地质学家们对其构造进行研究,了解到"巨人之路"这道天然阶梯是由活火山不断喷发,火山熔岩多次溢出结晶而成的。不管其如何形成,"巨人之路"的传说都赋予了这个景点美好的蕴意。

而如今,"巨人之路"这个美好的传说与一家崛起的会讲故事的文化公司——北京辰麦通太图书有限公司牢牢地绑在了一起。

第三节:"巨人之路"路在何方

有感于"巨人之路"的美丽传说,辰麦通太怀抱着打造出一个个"商业巨人"的美好愿望,想努力发挥自己的文化力量,意在为"巨人们"搭建一座桥梁,将"巨人们"送到成功的海岸去。

2014年的时候,随着电商的迅猛发展,传统行业受到了巨大的冲击,尤其是出版行业更深受影响。王烨了解到,在2012年全国新华书店系统、出版社自办发行单位,全国图书库存总值达884.05亿元,同期销售额是693.59亿元,扣除不占库存的课本200亿元,账面上的存销比接近2:1。而实际上,很多出版社的存销比甚至超过4:1。按国际惯例,图书行业较为合理的存销比是1:1。这么多的图书滞销会带来一个可怕的连锁反应:出版商出版积极性降低,导致出版的质和量降低,从而无法提高国民阅读兴趣,那么图书的销量将更加受到打击,往复循环,这个行业就越来越低迷。"逆水行舟,不进则退",在图书出版遇到巨大阻力的时候,若是没有创新和改变,便只能被泱泱大海吞没。王烨和伍英开始重新思索企业的发展道路,寻找突破口。

王烨想用一种新的出版思维,广泛引发读者的阅读兴趣,从源头上解决出版和发行的困境。经过一番思考,他首次提出了"期刊式图书"这种出版概念,这在图书出版史上是独一无二的创新之举。

在2014年中国新闻出版研究院发布的"第十一次全国国民阅读调查"报告中,王烨注意到了"41.9%的国民进行过手机阅读,呈增长趋势"、"66.0%的成年国民更倾向于'拿一本纸质图书阅读'",这两种结论看似矛盾实则体现了国民阅读态势的两点内容。王烨认为在新兴阅读媒体的攻势下,随着80后、90后以及00后逐渐成为主要的成人群体,通过手机阅读图书的比例还会呈增长趋势,但是基于图书这种特殊的文化载体和阅读感觉,大多数人还是倾向于阅读纸质图书,这种倾向是很难改变的。是否可以巧妙地结合这两点，既在移动互联网媒体吸引了读者兴趣和参与讨论，同时也能激发读者"捧起一本纸质图书读一读"的欲望呢？王烨对此进行了深思，并提出了"期刊式图书"的概念。"期刊式图书"顾名思义就是期刊的模式，图书的实质。既具有期刊的延续性、出版时间固定、贴近现实生活、受众固定的特点，又不脱离图书的内容系统、全面、成熟、可靠的特质。于是，王烨将"期刊式图书"的概念引入《微

阅读 1+1 工程》，并出版了系列图书。在发行过程中又引进了移动互联网媒体，以微信平台同步推送，微博平台与读者互动来促进图书发行。王烨认为以"图书、期刊、微信、微博"四位一体的形式推进，长此以往能够在出版人、作者和读者之间架起一座良性互动的桥梁，就会达到培养国民阅读兴趣和提高出版商出版积极性的双赢。

结合"期刊式"图书实现"巨人之路"的萌芽

"巨人之路"的萌芽，也是在"期刊式图书"的逐渐完善上衍生的。

2015 年 2 月的某一日，伍英在和一家保健公司的董事长李董吃饭时，李董带去的一位王总随口讲了自己的创业困境。王总说："我们企业是个中小型企业，主营的是建筑材料，公司员工不足 200 人。生产运营方方面面都需要资金，特别是在前期，投入相当大，但我们的销售业绩却提不上来。对于建筑材料，家居的东西嘛，大家都想买个放心，所以很多人购买都是奔着名气去的，像德尔集团、大自然地板、嘉宝莉涂料、华润涂料等这些知名的大企业就比较受欢迎。而我们小企业，人家连名字都没听过，又怎么会买我们的材料呢？"伍英在创业过程也历经了不少艰辛，当辰麦通太还没有成长为上市公司的时候，这类困境她也遇到过。而她的方法就是提高企业的知名度。于是她忍不住为王总出主意说："提高企业知名度最快的办法就是做广告啊。报纸、电视投放、传单……各种各样的方式都可以尝试一下的。""这些我们当然想过，报纸、传单我们都试过，但是效果不大。电视植入吧，成本得多高啊！我们一个小企业，还正在成长阶段，资金现在很紧张呐。"王总回道。看着王总愁眉苦脸的样子，"家家有本难念的经"，伍英也想到了辰麦通太眼前出版的困境，突然她脑中灵光一闪："有些中小企业想低价投入解决广告问题而无门，而自己的公司也为业务发愁，如果两者结合起来，各取所需，不是刚好解决了双方的难处了吗？"想到这里，伍英感到一阵兴奋。

第二天，伍英和王烨交流了自己的想法，王烨也觉得寻找这二者的契合点，无疑能够为双方都带来利处，肯定能够以此打开辰麦通太的市场，破解眼前困境。当王烨和伍英脑子里电光火石地想到"期刊式"图书是否可以与广告沾边的时候，"巨人之路"萌芽了！

王烨和伍英跟着自己的思路，开始四处寻找行内专家请教，召集公司精英团队商议等等，经过几个月的分析研判以及精心策划，2015年5月决定推出新型"期刊式"图书——以图书为载体，企业家故事为核心内容，结合时代特性开展全网式营销，为中小微企业搭建一个商务交流平台的"巨人之路"大型文化项目。

辰麦通太迅速成立了"巨人之路"项目的专业运营团队，由《微阅读1+1工程》等多部系列图书策划人，具有8年的图书策划经验的伍英担任总策划；主持出版过《中国学术与中国文学研究丛书》《简单的成功密码》《快乐大语文丛书》《知识百科系列丛书》《微阅读1+1工程》等近八百本图书的王烨出任出版人；由曾任著名文艺出版社百花洲文艺出版社发行部主任、具有多年的图书出版发行经验的吴晓平担任发行总监；新闻学与大众传播专业毕业、曾从事7年图书发行工作、具有丰富的图书发行和宣传经验的阎爱东负责媒体宣传；主持公司微信公众平台、微博公众平台对外推广的杨俊伟负责线上推广工作；自2010年主持公司与当当、卓越等线上商户对接工作的靳小娟则负责线上发行；主持公司对北京市场的销售工作、从事北京市场图书发行工作6年的唐再明则负责北京发行工作。王烨和伍英在"巨人之路"的推出上下了很大决心，特别舍得"下血本"，将公司的精英力量都汇集到了这个项目上。

在初期，"巨人之路"项目图书主要是以企业家个人故事、创业故事、品牌故事构成800至1500字的微型小说为主要内容，并采用了一种新的"期刊式"出版发行模式——众筹出版，即每本书选择80位作者的作品组成，其中至少会有一位是知名学者、著名企业家、社会精英、行业领军人物，每位作者可以写一篇文章，并附上一段简介和一张照片。众筹出版主要是考虑到"期刊式"图书可以让人们实现轻松碎片化阅读，较受市场欢迎，并且结集出版可以取得辐射带动宣传的效果——比如80位作者结集出版了一本图书后，里面的每个作者或团队向别人推荐自己和这本书的同时，也是推荐了另外79个作者或团队，如此这本书的推荐和发行量将能以几何倍数递增，图书里企业家的故事也就能数倍扩散，出书作者则有了更多曝光自己的机会，同时也能够获得更多的融资、融人脉、融智、融项目的机会。

信奉"营销就是卖故事"的辰麦通太，正是抱着"希望每一个企业家都能成长为巨人，记录每一位巨人的成长过程"的美好初衷，坚信一个有理想、有目标，并坚定不移地去实践、去执行的人，最终将成长为一位巨人。而巨人在成长的过程中，肯定有自己的故事要说、要分享，并在分享之后获取更大的成功和更多的快乐。因此，"巨人之路"项目为这些诉说提供了一个优质平台。在这个平台，每个人都能愉快地发出自己的声音，用美妙的文字像作家一样用铅字和馨香的纸张讲述自己的故事、抒发自己的情感、记录自己的成长、介绍自己的团队……让读者从中更真实地聆听时代，感悟生活、认识世界。或者对于繁忙的企业或企业家，"巨人之路"项目可以主动承担起记录他们在成长为巨人的道路上留下的每一个脚印，为他们的崛起书写绚烂的一页。

事物总是不断运动发展的，"巨人之路"也处在变化成长之中。

随着实际操作得来的经验，辰麦通太发现很多企业并不满足于这种"期刊式"众筹出版，因为篇幅有限，不能全面完整地讲述出其企业的故事，常常"意犹未尽"、"讲得不过瘾"。当"期刊式"的"巨人之路"在市场上受到冷落的时候，辰麦通太又开始探索新的路径。结合市场信息反馈以及和多家同行企业的探讨交流后，"巨人之路"文化项目开始了"华丽大变身"，实现了完美转型——由多人合集出版一本书变为一个企业一本书的模式。

第四节：以讲故事为宗旨的品牌项目

辰麦通太公司一直以其敏锐的市场眼光走在出版行业的前沿。这源于其企业领导人对市场的到位把握。

董事长王烨是一位真正身扎根于出版行业的人。2003年，王烨到了北京，在一家出版社从事图书策划、编辑、发行工作。从一开始他就抱着将出版当事业来做的心态去上班，而不是像许多人一样只把工作当谋生手段。好学的他感觉自己总有使不完的劲儿，也常常为每天学习到的新知识感到兴奋不已。随着对出版行业的深入了解，他发现自己真正爱上了这个行业。他喜欢这个行业里浓厚的文化气息，他喜欢和那些文化人做朋友，听他们的高谈阔论。每天都闻到书香，在他看来是人生的一大乐趣。很幸运地，在冯晓林的介绍下，他认识了志同道合的伍英。两个人对出版事业都有着近乎狂热的追求，作为生活有心人的他们，在出版行业积累了丰富的相关经验之后，立下决心携手创业并喜结连理，共同面对工作和生活的酸甜苦辣。如今，他们投身出版行业已经有十几载，善于观察和思考的他们，已经成为了行内的专业人士，对这个行业的一切如数家珍，不夸张地说，他们对出版社的熟悉程度，就像一位母亲用心抚养大自己的孩子，对他身上的每颗痣都清清楚楚。正是这样的知悉程度为他们在出版行业的前瞻意识打好了基础。

在反复思考和探索下，他们发现随着人们生活节奏的加大，各类广告的铺陈推出，人们根本目不暇接。但是听故事却是人们本能的需要，因为人们从小就在听故事，听故事是种习惯，听故事也能最大限度地激发起人们的兴趣。所以这个时代，是个故事营销的时代。在讲故事中营销产品，是最高明的营销手段。

对于企业家个人，善于讲故事更是为人格魅力增分的有效方法。其中，联想柳传志的善于讲故事给他们的启发很大。在一次采访中，伍英

对笔者说出了柳传志善讲故事的事情并对此给予了高度评价。

在伍英口中，柳传志是一个特别会讲故事的人。他会讲父辈的故事，讲他父亲的正直、母亲的慈爱、兄弟姐妹的相亲相爱，尤其是父辈在重重磨难之下依旧勤勤恳恳拼命地工作，顶住威逼利诱拒绝诬陷当年的战友。这个故事不但让人感觉到他敢担当、舍得让利的性格来自良好的家教，同时还提示了年轻人凭追求、凭团结、凭实力让中国富强，让自己过上光鲜亮丽富有的生活。他会讲自己作为民营企业家身份的故事，讲联想从一家百分之百的国有企业变成民企过程中发生的故事，给民企示范了如何定位自己与政府的关系，如何共同努力突破种种障碍、实现双赢等，让人们也从中看到了联想强大的实力。柳传志还讲了曾任联想CFO的马雪征帮他订机票被斥的故事。讲出这个自己企业管理的故事，其实是为了传达了"一把手再比手下人聪明能干，也不能抢一线人员的活"这个企业管理理念。于内，员工开始潜移默化了接受了他的这个管理理念；于外，人们可以从这个故事中看到柳传志的管理魄力，并相信一个这样分工明细的企业必然能够具有高效率。

伍英颇有感触地称道："你看，柳传志不需要讲多少大道理，单单讲几个故事，他要传达的意思就已经很明白了，人们已经从中看到了这个企业领导人的非凡魄力，也对这个企业充满了信心，如此一来，企业产品的销量还愁吗？"

成功的个人品牌代表一种信誉、一种鲜明的个人印记。企业家一味低调，不仅影响到企业知名度和社会影响力的提高，而且也可能影响到企业内部员工的士气。而如果一个企业家懂得经营个人品牌，擅长通过讲出一个个生动的故事为自己宣传，无疑在提高企业的知名度、社会声望、展现企业精神和品牌内涵方面发挥着巨大作用。

"一个好故事，超过100个销售高手"，在出版行业从事宣传工作近10年的伍英对这点有着非常深刻的认识，她在多个场合强调了这个观点。"很多聪明的企业都有这种卓越的见识。"她得出这样的结论。

"一个好故事，超过100个销售高手"，就此构成了辰麦通太营销理念的重要部分。也是在这个理念的催生下，"巨人之路"加快诞生了！

无故事，不营销。没人爱听大道理，最好讲个小故事。这个"巨人之路"坚持的理念，也在"巨人之路"的运营中刻上了深深的烙印。

2014年1月10日，辰麦通太公司与时俱进，使用时下最热门的微信社交信息平台，推出了微时代的新产物——"微阅读100秒"。"微阅读100秒"的文章体裁就是故事，内容都是摘自辰麦通太公司策划出版的《微阅读 1+1 工程》系列图书中的精美文章，主要借助微信公众平台如"会讲故事很重要"微信公众号，每天推送一篇发生在老百姓身边的小故事，给读者一些鼓励和启迪，慢慢让大家爱上读书，从而促进全民阅读。如今，辰麦通太公司的这些公众账号仍在逐步完善，现已转型成有声故事，关注的人越来越多，通过粉丝的大量转发，文章的辐射面和曝光度巨大。

随着越来越多的人关注，越来越多的人为线上的故事所痴迷。待读者将每天的阅读当成了习惯之后，辰麦通太继续深入线下扩大宣传力度，达到图书销售的目的。

《微阅读 1+1 工程》前八辑共 100 册，是选自百花洲文艺出版社《微型小说选刊》中 100 位作者近几年创作的微型小说，每个作者 80 篇左右合成一册。文章都是作家们自己对生活的感悟而创作的文章，故事性强，有很强的可读性，且内容贴近当下的社会，因而收到了很好的市场反馈。随着公司的上市及影响力的扩大，该项目也不断增强弹性，在文体上不再仅限于微型小说。而是遵循微阅读就是短小、精悍、思想丰富的特点，只要有这些特点的文章都会在编辑的质量把关下进行严谨选择，比如对涉及到历史、社会、情感、励志、教育、财经等方面的美文、杂文也都分类或分辑出版。

而无论如何扩大外延，"巨人之路"都不会脱离讲故事的本原。除了讲自己的故事、用讲故事的方式帮助自己实现营销的目的外，"巨人之路"还擅长帮别人讲故事。"巨人之路"项目就是以图书为载体，以故事为主要体裁，让无数消费者在日常的阅读中了解企业家和品牌背后的故事，因为当品牌文化被市场认可并接受后，品牌便能产生市场价值。事实证明，这种宣传方式有了很明显的效果，大家都看到了这种故事营销带来的影响力，企业讲故事的热情被大大地带动了起来，原来的结集讲故事的方式已经满足不了客户的需求，"巨人之路"开始探索更大型的故事出版方式。如今，"巨人之路"迈上了更高台阶，开始征集企业家、企业产品、企业管理故事，为其私人定制专属书籍，旨在用文化的力量帮助企业在发展的道路上收获璀璨星光。

第五节：为企业私人订制专属故事的良心项目

2013年12月19日，由冯小刚执导，葛优、白百何、李小璐、郑恺领衔主演的《私人订制》在全国公映了。剧情主要讲的是愿望规划师杨重、情境设计师小白、梦境重建师小璐与心灵麻醉师马青四人组成的公司"私人订制"，以"替他人圆梦"为自身业务，专门为不同客户量身订制"圆梦方案"，无论客户的白日梦多奇葩、要求多严格，"圆梦四人组"统统来者不拒，满足客户的任何需求。一时间，引得许多怀揣着"奇葩梦"的客户纷纷找上门：一心想过"烈士瘾"的陕西女青年、立志追求高雅而跟俗"一刀两断"的全球最"俗"导演、想要当清官"自愿"接受钱色诱惑的司机师傅、生日愿望是想变成"有钱人"的河道清洁工人丹姐……"寻梦者"络绎不绝，"圆梦四人组"也绞尽脑汁为每一位客户私人订制圆梦方案，让每一位客户都在最后"梦想成真"。

"巨人之路"与这部上映仅四天便拿到首周末票房3.15亿元，创下华语电影首周新高的喜剧电影有异曲同工之妙。就如同2013年上映的电影《私人订制》一样，"巨人之路"既是一个帮企业家圆"巨人梦"的文化项目，也做到了专为企业家"私人订制"——企业背后的成长故事是无法炮制的，只有根据企业自身的特点，讲述或设计出符合其独属特点、体现其独特魅力的专属私人故事，才更容易被消费者记住，并赢得青睐。

而"巨人之路"文化项目以为"巨人"讲故事出版图书，通过图书宣传打造更多的巨人为目标，在为企业（家）圆梦、私人订制故事中具有这些优势：

第一，拥有高素质的采编队伍，具有掌握和分析处理信息的能力，

可以向读者提供更多真实的企业文化故事。商业网站上的信息虽然非常丰富，但由于任何人都可以自由地在网上发布信息，人们无法证实的假新闻假信息很多，诚信度很差，网络的这个缺陷反过来会增强其对图书把握度与公信力。

第二，辰麦通太已经取得良好的传播信誉和社会影响力。这是一笔巨大的无形资产。

第三，企业要想向大众传播企业文化，不只是需要向大众展示产品生产的经过、结果等浅层信息，还需要向大众展示他们企业文化的软实力，以增强消费者的认同度。而"巨人之路"完全具备这种"包装"能力。

第四，"巨人之路"具有明显的风格特征，它是从整体上所表现的思想特色和艺术特色，为纸质媒体赢得了读者的情感优势。纸媒的风格是在办报方针和思想的指导下，经过采编人员长期办报实践所确定的。不同的纸质媒体有不同的风格，这符合读者兴趣爱好的差异。读者注意力一旦被某种纸质媒体所吸引，就会养成固定的阅读习惯，并从中获取审美愉悦和文化的享受，满足情感上、心理上的需要。而"巨人之路"的图书具备这些条件，能给读者带来美的享受。

"巨人之路"在自己的成长道路上只会愈加行稳致远。

为企业代言，说企业想说

根据企业的需求，讲出其想讲、读者想听的故事，最终将之推上巨人之路，是"巨人之路"项目一贯坚持的宗旨。

如今，很多企业家都认识到营销就是卖故事，因此通过讲故事的方式给自己或者企业做推广是一个理想的选择。但是很多企业家都非常忙，几乎没时间坐下来休整自己，更没有时间来写书传授自己的管理经验。再者，在被文化精英垄断的出版行业中，作为一个非专业的写作者，出版一本书的困难是可想而知的。如果不具备深厚的写作功力，相当的知名度，经验丰富的策划和出版团队几乎是不可能达成目的的。所谓"术业有专攻"，企业家从事的是繁忙的经营管理，毕竟不是靠文字笔杆子吃饭，擅长做生意的企业家未必同时具备了良好的文字表达能力及专业的经济理论素养。因此，"巨人之路"为此提供了有效平台，组建了优质的撰稿团队，倾心为企业家服务。撰稿人可以通过采访企业家，了解企业家长期在经管一线的故事，用自己的文字把故事讲述出来。

竭诚为客户送上私人订制图书

目标人：我为何需要出一本书呢？

"巨人之路"：出书将您的故事讲出来，可以增加您的个人魅力，也可以宣传您的企业产品，为您的某个品牌做推广。这是最具持久性的广告啊！此外，唯一能永久教益后代的是精神财富，而精神财富的最好载体是您写的书或写您的书！书能刊载你最辉煌的成就，是无价之宝，并能让您的生命与精神永恒！

目标人:"巨人之路"在为我们出版图书上有什么优势呢?

"巨人之路":我们的"巨人之路"总策划是伍英,出版人是王烨,他们手下有一支非常专业的出版团队,从图书策划、撰写、宣传、出版等链条上,都能凭借丰富的经验出色满足客户需求。我们的撰稿团队都是由一些文字功底非常好的作家组成的,我们的宣传渠道非常广,出版的图书可以通过强大的线上推广(微信公众平台及互动微博,如果您加入进来,粉丝还会爆增)、线上发行(各大网络及各位作者的线上发行)、线下发行(各省新华书店、民营书城、飞机场、火车站、各类馆配)。通过线上、线下的推广发行,如此扩大图书的影响力,同时也是在竭力宣传您以及您的产品。

目标人:在出书中我能拥有署名权吗?

"巨人之路":可以的。我们可以用自传的方式撰写,以满足您的这个需求。您将拥有一张文化社交名片。当您结交新朋友或新老客户时,拿出一本有您署名的书,是多么有文化范的事啊,他们能迅速记住并信任您。您的传记既是独特礼物,又是文化名片,可迅速有效地扩大人脉资源。

目标人:我能为我公司新推出的一个项目写书做推广吗?

"巨人之路":当然可以。这也是我们"巨人之路"的业务之一。我们的专业素养绝对可以为您"私人定制"您想要的任何故事。项目类的图书撰写,不仅可以让您的客户更加了解项目特色和内涵,更可以通过故事的方式,让人们轻而易举地记住您的项目并传播出去,从而吸引您所要面向的客户。

打造一个好故事的完美程序

"巨人之路"项目图书的撰写程序大体须经过下列过程:

(1)有意向出版图书的目标人可以直接到达北京市房山区长阳镇天

星街1号院14号楼305室了解情况，或通过拨打电话010—89941334，打开微信关注CMTTWY进行后台留言，添加QQ2803968678、2925704662等方式进行相关事宜的咨询。辰麦通太将安排服务态度好的专人做好应询对接工作。双方确定达成出版意向后，即时签订约稿合同，合同会写明目标人所需支付的金额及支付方式、对图书的要求、双方需履行的保密规则、出版日期等内容，同时缴付出版费用。

（2）接到目标人提供的有限信息后，艺术总监将目标人的相关资料汇总并编号发放给100多名撰稿人，引导撰稿人撰写策划方案并在3天内向总撰委提交策划书。策划书内容包括书目（至少2个）、主要写什么（人物，产品，公司或是其他）、怎么写、主要突出什么（主题是什么，要鲜明）、想要表达什么给读者、撰稿人须阐述自己的哪些撰写方式是与众不同的、撰稿人对自己这部作品的效果预测、全书预计篇幅（字数）、不少于2000字的较为完整独立的样章文字、撰写时间（即全书成书时间）等内容，最好还附上全书的目录，将书稿思路详细呈现。总撰委收到策划书后，为公平起见，对策划书进行编号并进行撰稿人姓名密封，由艺术总监李朴选取最优的2-3份策划方案供客户选择。

（3）经总撰委和目标人确定负责该文稿的撰稿人及写作方向和大纲后，北京辰麦通太图书有限公司与撰稿人签订"《巨人之路》撰稿协议书"，约定稿酬、支付方式、成稿时间、相关撰写、出版条例等并付撰稿费首款。签约后一周内撰稿人必须向总撰委提交内容提要和目录清单。并由总撰委会同相关目标人和撰稿人三方确定目录。

（4）撰稿人开始撰稿，一般为期4~6周。期间，目标人需要全面提供有关材料并配合撰稿人的采访。采访方式有电话、QQ、邮件、微信或当面采访，由目标人和撰稿人协商任选其一或几项。撰稿人完成撰写后，提交一稿接受一审。审稿人为总撰委和目标人，为不耽误出版进度，争取在交稿后一周内完成审稿，通过后第二次付撰稿费。

初审工作主要包括：改正书稿中出现的字词错误、读音错误、知识性错误、语法错误、逻辑错误、欧化错误、观点错误等；统一全书体例，包括统一各级标题、格式、数字用法等；核查引文、出处和索引和核查参见、互见项目以及核查有关专业知识等；检查书稿项目，按顺序排次（外封，内封，目录，前言或编写说明、凡例、音节表、检字表或笔画索引等，正文，附录等），并自内封开始，按顺序戳记或填写页码；填写加工记录，并撰写审读报告（对书稿的内容、特色、学术及文字水平、社会效益及经济效益、文字质量、学术地位、是否达到正式出版要求等进行评价）。

撰稿人根据目标人提出的意见对稿件进行第二次修改撰写，一周内交回。总撰委和目标人在3天内完成审稿并返回给撰稿人进行第三次改稿，改稿时间不超过3天。总撰委和目标人在2天内审稿并反馈意见，终审工作主要包括：通读初、复审意见和记录，检查初、复审修改是否正确；抽读部分（四分之一左右）书稿，判断书稿质量，如认为书稿质量未达到正式出版要求或存在方向性错误，退责任编辑和撰稿人协商修改或退稿；撰写终审意见，对书稿以及初、复审进行评价，说明是否同意发稿，若同意发稿在发稿单上签字定稿。辰麦通太将根据最后定稿实际数字与撰稿人结清撰稿费尾款。

（5）与此同时，辰麦通太图书有限公司将根据撰稿情况整理并向总局推送选题，申请书号、CIP数据并备案，大致需要1周时间。

（6）通过三审三定后，辰麦通太在1～2周内实行印刷及装订，之后送货上门，将成品送到目标人手上。

从与目标人签订撰稿合同到出版成品，整个流程大概需要18周时间。

在这个过程中，辰麦通太始终以"出版最有价值图书、传播最有影响文化"为宗旨，坚持以诚为本，以高度的责任担当挑选出最合适的撰稿人为目标人撰写书稿，并在此过程中给予监督和指导，一切以遵从目标人意愿为首选，保质保量将图书成品送到客户手上。

第七章
"五颗心"挑起的责任担当

第一节：仁心：正能量的传播者

"出版最有价值的图书，传播最有最有影响的文化"是辰麦通太的企业宗旨。辰麦通太图书有限公司一直非常清楚自己的定位，并根据自己的定位，在社会赋予自己的责任内，努力描绘自己的理想蓝图。

"巨人之路"项目的总策划是辰麦通太的创始人之一、辰麦通太总经理伍英。伍英出生于1982年，策划出版过100多种书，其中代表作有《青少年应该知道的》系列丛书（共20册）、《中国古代绘画》《中国古代艺术》《中国古代音乐》《中国古代石雕》等，被誉为"正能量的文化传播者"。她说："文化建设是一个国家软实力的体现，同时是民族繁荣、国家富强的基石。现在国家大力加强文化建设以改革促发展，乃是国家、民族、人民之幸。特别是党和政府的大力支持，使我们没有理由不努力去做文化改革的排头兵，让更多的人买得起、看得懂、用得上、长知识，提高国民阅读量，填充国人的精神食粮，这是我们的责任和义务。"

"全民阅读"连续两年被写入了《政府工作报告》。2015年两会期间，有记者专门就这个问题采访了李克强总理，李克强总理的回答是："书籍和阅读可以说是人类文明传承的主要载体，就我个人的经历来说，用闲暇时间来阅读是一种享受，也是拥有财富，可以说终身受益。我希望全民阅读能够形成一种氛围，无处不在。我们国家全民的阅读量能够逐年增加，这也是我们社会进步、文明程度提高的十分重要的标志。而且把阅读作为一种生活方式，把它与工作方式相结合，不仅会增加发展的创新力量，而且会增强社会的道德力量。这也就是为什么我两次愿意把'全民阅读'这几个字写入《政府工作报告》的原因，明年还会继续。"

倡导全民阅读，同时也是文化界、出版界、经济界和企业家都支持的活动，人们在追求物质财富的同时，也希望有更丰富的精神生活。而不是一脚重一脚轻，重物质而轻文明。

在这种全面倡导国民阅读的社会氛围下，富有责任担当的伍英第一时间扛起了作为一名出版人的担子。

在 2013 年来，随着国家对图书馆图书招标采购工作的力度加大，馆配图书质量问题日渐凸显。为了争抢图书馆配市场这块大蛋糕，诸多馆配商使出浑身解数，尽量压低价格折扣，而要想在低折扣的供货中挤出利润空间，就只能在降低成本上下功夫。因此，大量存在质量问题的劣质书、盗版书涌入馆配市场，搅混了整个馆配的行业环境。

针对这一乱象，在全国"两会"上，图书出版业的代表们就促进"全民阅读"提交提案，指出中小学校图书馆馆配市场急需健全和整顿。在国家对馆配市场的大力整顿下，一大批民营馆配企业遭受重创，有些甚至土崩瓦解，让人惋惜。而以馆配业务起家的辰麦通太，在伍英一向重视图书质量，坚决不允许掺假的要求下，图书销量在这次整改大潮中非但没有受到打击，反而稳中上升。自公司成立以来，她就一直秉承"出版最有价值图书，传播最有影响文化"的宗旨，严格要求每个员工，注重图书质量，坚持以正确的文化导向为社会传播正能量，给图书馆配市场注入一湾清泉。

辰麦通太此次的"周全"不是偶然，更不是侥幸，而是其企业领导人坚持以德服人、质量第一的必然结果。

在很多企业家眼中，"巨人之路"的总策划伍英是一位特别有才华、有原则、有远见的业界精英。熟悉她的李总还说了一则她的小故事：

伍总身上有很多光辉，我确实很佩服她。她本人是一位非常有同情心、富有人情味的女性。但是办起事来，又比很多男子汉还要果断干脆，只要是她认定的理，十头牛都拉不回来。当初很多民营企业为了牟利，开始降低图书质量以增大利润，也有人给她出过主意，让她随大流试试。当时国家还没开始整顿，也没有人会预料到后来的形势，不少人就只盯着眼前这点小利，想着先把口袋装满了再说。但是伍总不一样，她斩钉截铁地答道："我很清楚自己的企业定位。出版这种质量低下的读书对不住我们的读者，也不是一个出版人该干的事。我们是要盈利，但要的不是一时之利，而是长久之利，我不能跟风砸了自己的招牌！"

在她看来，出版物是有效影响社会、表达追求、树立社会形象的主要传播工具，并且潜移默化地影响着人们的思维和观念以及生活的方方面面。所以出版人应当有正义的担当，要维护图书的尊严和收藏正义。因此自己要做的就是，借助出版优势，为全国的"书虫"们提供有质量保证的图书，积极传递正能量。

从草根到行业精英，从公司初创到 Q 板上市，辰麦通太在伍英的英明带领下，只用八年时间就创造出傲人的成绩，领跑于行业前沿。无论走到什么位置，她都不忘初衷：做一个正能量的文化传播者，改善国民阅读现状、实现全民阅读这一恒久不变的追求。

考虑到新型电子媒体带动传统纸质媒体的互补方式促进阅读，适合各类人群阅读，尤其适合当下的碎片化时间的阅读习惯。伍英还带领团队以"微信、微博电子传播平台"和"纸质图书传统传播平台"同步发行的方式提供阅读，以达到真正提高国民的阅读兴趣、实现全民阅读量的增长、为圆梦加速的目的。

在这样一位有仁心的文化正能量传播者的领导和策划下，"巨人之路"项目引起了国民的广泛关注，因为人们相信，一个有责任、有担当的团队一定不会辜负他们的期望。

第二节：放心：强大的"娘家靠山"保驾护航

北京辰麦通太图书有限公司所具备的资源和实力，是"巨人之路"文化项目的坚实后盾。

北京辰麦通太图书有限公司，在 2007 年 4 月成立之初，还仅仅是一个名不见经传、处处碰壁的小公司。但是经过八年的努力和探索后，这个小企业沾着政策的春光和企业上下不懈努力的雨露，在 2015 年 5 月 15 日，成功在上海股权托管交易中心挂牌。

八年，说长不长，说短不短，但与许多风雨飘摇的同类企业相比，它的成长绝对称得上快速了。而这些，应该得益于王烨和伍英独到的经

营管理理念。

两人白手起家的创业经历，使之在创业过程中遭遇了不少的困难，但也使之积累了比一般人更多的发展经验，也使他们在出版业经营上有着独到的见解。

他们认为有四点是出版领头人要做到的：

第一，洞察行业趋势，"以发展的眼光看到未来的市场变化，给产品一个明确的定位"。"发展就要瞻高望远，要跳出当局，要善于分析当下的市场形势，才能做出跟得上时代的产品"。这是伍英在培训业务员时说的一番话。正是有这样的洞察力，看到移动互联网时代对纸质图书出版发行行业的冲击后，她知道传统推广方式已经很难渗透下去，没有创新就等于死路一条。于是在创业初期时，同行都还在使用传统方式销售时，辰麦通太早已搭上互联网这班顺风车，于2008年3月，在淘宝网上开设了第一家图书网店，取得了相当可观的效益。后来，淘宝图书小店在全国范围内快速铺开，当大家都开始沉迷于淘宝小店时，辰麦通太又率先转战天猫商城，先后开设了两家天猫店，凭着之前的经验和技术，大大节省了时间和成本。

第二，果断把握市场机会，"一旦得出了结论就要立刻着手解决，而且要比同行所有人都做得好"。伍英崇尚"人无我有，人有我优"的理念。时刻走在了行业前沿。

第三，极强的沟通技巧，"善于影响、推动、改变、激励他人，营造良好的工作氛围"。这一点辰麦通太图书有限公司的职员小李有着非常深刻的体会。她说每一次当自己工作感到疲惫的时候，只要听到伍总说话，就感觉特别来劲。因为她的声调很有力量，而且永远都是精神饱满的样子，自己在无形中很容易受到感染。

第四，在复杂多变的情况下，通过一系列综合思考的决策技巧，应变式地找出或开发新的解决方案。办法是死的，人是活的。无论是一个人的成长还是企业的成长，在复杂的社会环境下，都不可能会一直一帆风顺的。这个时候，要立于不败之地，就要看谁的行动快、谁的决心大、谁的思路清、谁的措施硬了。辰麦通太在发展的过程中也遇到了各种难题，比如2010年和2011年的时候，公司遇到了资金需求量大，融资成本和难度增加等问题，但他们没有气馁，第一时间想到了民生银行北京国贸支行，在那里筹措了2亿元资金，确保了企业的顺利运转。在2014年，由于受到电子商务的冲击，全国图书业务都有所下滑，不少出版企业都选择了降低图书成本低价营销以占领市场，但辰麦通太认为这不是长久之计，一直秉承"出版最有价值的图书、传播最有影响的文化"，依然坚持出精品，保持图书质量。"穷则思变"，如何有效地针对调到的发展瓶颈，探索出新的破解方法呢？辰麦通太群策群力，通过对市场情况的全面调查分析以及对自身把握的资源整合后，旨在为中小微企业、新创业企业解决营销问题的"巨人之路"应运而生了。

辰麦通太并没有满意当下的成绩，它只是将上市当做一个漂亮的转

折点。它正以强有力的担当、积极向上的心态、朝气蓬勃的精神致力成为行业先锋,为"巨人之路"的推动提供强有力的保障。

第三节:省心:强大的撰稿团队

不少企业家都认识到了写的重要性,但是却苦于没时间;许多企业想给产品写个"说明书",在公司却找不出合适的撰稿人……这些,"巨人之路"都考虑到了,并为之开出了"良方"。

"巨人之路"早早就培植了自己的专业撰稿团队,竭诚为企业家、企业代笔。始终坚持以"出版最有价值图书、传播最有影响文化"为宗旨的辰麦通太图书有限公司对撰稿人的选择自然不会马虎。

坚持"宁缺毋滥、好中选优"的选人原则

没有好的撰稿人,就难以写出好的作品。辰麦通太的领导人都知道,

出高质量的图书最重要的是体现在图书的内容上。因此，撰稿人的素质显得尤其重要。除了已揽至麾下的100多名作家，辰麦通太又花了十足的心思，针对"巨人之路"这个重点项目物色优秀撰稿人。

接下筛选撰稿人具体任务的是艺术总监李朴。李朴在中国作协有着近十年的工作经历，熟知中国当代文学，拥有着十分丰富的作家资源，说起中国作家来，几乎是如数家珍，这无疑是"巨人之路"撰稿团队建设取之不尽用之不竭的宝矿。

因此，于他而言，选取一批出色的撰稿人并非难事，但实际上也绝非易事。既然手头把握着这么多资源，自然是要坚持"好中选优"的原则了。非要在一群优质撰稿人里"鸡蛋里挑骨头"可是一件让人头疼的难事。

为了建立最合适、最强大的撰稿人团队，辰麦通太图书有限公司除了从已有的作家资源库里筛选寻找、知名撰稿人相互推荐之外，还向全国广大撰稿人发出了"英雄帖"，以优厚的待遇福利吸引"世外高人"现身，前来应聘。"英雄帖"发下去后，在辰麦通太有限公司已有的影响力下，来自全国各地撰稿人的简历如同雪花般飞过来。这些撰稿人的简历中，无一不充分展现了自己的文字特长以及自己丰富的文字写作经历。面对上千封撰稿人申请书，王烨、伍英、李朴三人一致坚持的都是，一定要选那些思想品质好、文字表达能力和沟通合作能力都强的撰稿人。

而李朴看来看去，发现这些前来应聘的撰稿人里，要么是在许多名报名刊都开有专栏的知名撰稿人；要么是出版过数本长篇小说的知名作家；要么是特别有战斗力的"高产士"……眼光挑剔的李朴在反复筛选后，还有几百人让他感觉非常不错。这下他可犯愁了，该如何定夺呢？有那么一瞬，他想把这些撰稿人都留下。向伍英提议时，伍英斩钉截铁地说："我们想要的是组建一支精英团队。优秀的固然多，而我们要的是精英中的精英，所以我们要好中选优，反复对比衡量，选出我们最需要、我们的服务对象最需要的撰稿人来。"

最后，在1000多名的备选人中，辰麦通太有限公司通过反复审查核实个人简历情况，再三斟酌考验，最终分两批成功与20名出色的撰稿人签约了。

而截至目前，撰稿人招聘工作还在继续，李朴坚信，"巨人之路"项目肯定能吸引更多优秀的撰稿人加盟。

良好的思想品质是首选

说起撰稿人，很多人脑中首先闪现出埋头苦写、冥思苦想、托腮挠耳这些"苦"形象。没错，撰稿人的工作之苦、压力之大确实是众所周知的。特别是写稿规定了时限的时候，那艰巨的任务更像大山般压在撰稿人的心头。这个时候，有些撰稿人被逼到不知所措，总找不到创作灵感，进入不了写作状态，一不小心便情绪崩溃。在这种情况下，若没有很好的抗压能力以及极强的责任心，撰稿人就很可能出现半途而废、甩手不干的情况。而这于出版社而言，可是一个天大的难题。因此，"巨人之路"项目的撰稿人，首先要求必须要有责任心，要有良好的心理抗压素质。李朴本来从诸多撰稿人的简历中，看到一名吴姓撰稿人编辑出版过多部书目，名头更响亮，对此他甚是满意。但是为了对该撰稿人有更全面的了解，于是他电话咨询了与这位吴姓撰稿人曾有过合作的出版社。结果，对方一听这个名字，便叹了叹气，接着说："有才，确实是个有才之人。可惜的是，脾气也不小。之前和他合作的时候，经常延时一两个月才交稿。催急了他还要跟你急。唉，伺候不了这号人。"听到这里，李朴心里一惊，不过为了不冤枉无辜者，李朴继续打电话向另一家出版社咨询，得到的答复也相差无异。而后李朴对自己的电话咨询感到幸运，出版社最怕的就是碰到随时"撂挑子"的撰稿人了。

出色的采访技能是关键

没有调查就没有发言权。撰稿人给企业写书,不是瞎掰乱扯的,必须要建立在对公司充分了解的基础之上。因此,撰稿人要通过采访企业家或企业宣传负责人,才能拿到公司的第一手资料,进而顺利完成撰写任务。所以在对撰稿人的选择上,李朴比较注重该撰稿人是否具有相关的采访工作经历。诸多的简历申请者几乎都具备了流畅的文字表达能力,且在叙述类文体上更为突出。然而如果没发现他们有相关采访的任何经历且又看不出撰稿人有较强的沟通能力的,李朴只能遗憾割舍。

"能写、能快写、能写好"是加入"巨人之路"的必备条件

在与预选撰稿人的交流微信群中,有人问李朴:"李总,加入这个团队最基本的要求是什么啊?"李朴简单有力地回答:"能写、能快写、能写好是加入'巨人之路'撰稿团队的必备条件。"这句话乍一听,好像条件不高;但再一想,其实一点也不低。首先,"能写"。怎样才算是能写

呢？在现在这个信息时代，有一句话叫做"人人都在写文章"，在微信朋友圈发条说说，QQ空间发个心情，都叫做是在写文了。但是，"能写"的概念不知道要比这个标准高出了多少倍。要证明你能写，你要拿出你发表过的作品说话。写了哪些高质量的文章，刊登在哪里，都要提供出依据来。另外，还要临时交出一篇样文。"让样文代替你的水平，替你说话"，李朴说："我们要的撰稿人，是能够时时刻刻'生产'出文字的人。无论你面对的目标人是谁，哪怕你之前听都没听过他的名字，你都能够根据他突然说出的几句话为他写出一个生动的故事；我们要的撰稿人，是哪怕随便给你一篇文章，你也能够看完后马上用自己的语言'翻译'一遍，除了文章意思不变，从表述上看却全成了属于你的东西。这就是我们对撰稿人最基本的要求——高超的遣词造句能力！分分钟文思泉涌，且永远也不会觉得江郎才尽。"其次，"能快写"更不是一个简单的命题。写稿本是一件讲究灵感和创造力的事情，很多作家没有灵感时，是压根坐不下来的。对于大多数撰稿人而言，就更是痛苦了。但是为了确保图书能够在"巨人之路"与目标人约定的时间内完成出版，签约的撰稿人就必须在确保质量过硬的前提下把速度提上去。根据"巨人之路"一般的要求，要在30—40天内完成一本20万字的书，因此只有能达到这个标准的撰稿人才会被接纳。为了能够选对人，"巨人之路"对预选撰稿人进行一个摸底测试。撰稿人通过测试后，才算是顺利"闯关"，才具备签约的基本资格。再次，"能写好"是要确保书稿质量。能写好是在"能写"、"能快写"的基础上提出的更高要求。如果只是能写、能快写，生产出的文字却很"低质"，那么撰稿人只会沦为悲哀的"文字搬运工"，只能制造出一堆堆"文字垃圾"，却不能让文字创造出实际价值，不能让文字发挥它应有的美感。因此，"巨人之路"要求撰稿人必须要具备"能写好"的能力，能保证自己撰写的文字达到两个基本要求：一是达到辰麦通太公司和目标人想要的理想效果，受其肯定和认可；二是具有文字艺术美感，能够吸引读者，带给读者美好的阅读享受。

除此以外,"巨人之路"还非常看重撰稿人的政治敏感度、情绪管控能力、耐心度、吃苦能力等等。"巨人之路"对撰稿人的品质要求很高,被"巨人之路"选定的撰稿人,都是凭借着具备的良好的从业素质被留下来的。比如撰稿人潘霞,就是凭着善良热情的性格与擅长沟通的能力而被选中;比如撰稿人汲坤,凭着打鸡血般的正能量和其无限的奋斗潜力而被选中;比如"巨人之路"选中史修辉是因为了解到他未拖过稿,哪怕熬夜也要把手头的任务完成;比如李凌非,就算碰到再"难啃的骨头",都二话不说想尽办法克服,不曾有过抱怨……就是在这样高标准严要求的斟酌筛选下,"巨人之路"的撰稿团队素质达到了历史新高。根据这个对文字表达能力的高要求,"巨人之路"签下的"写手"基本是"不愁写"的,着实让怕写、不会写的企业省了不少心。下面用事实说话,特附上部分撰稿人的简历:

周海亮,体制外职业作家。小说作品散见于《小说选刊》《中篇小说月报》《中篇小说选刊》《作品与争鸣》等刊物。在国内多家报刊开有个人专栏,出版有长篇小说《浅婚》等近30部作品。

陈志宏,男,1975年出生,江西东乡人。教师,作家,南昌市散文学会副会长。出版了《人生三道茶》《幸福就在抬头间》等10部作品集。曾获第二届滕王阁文学奖。

刘海峰,岛子,山东威海人。有小说在《芳草》《延河》《时代文学》《山东文学》等刊物发表。获威海文学艺术奖,山东省作家协会会员。

李凌非,女,80后,小学教师,陈清贫写作培训网校公众号网络编辑。爱好写作,音乐。2002年获全国散文诗歌大赛三等奖,同年同河北大学教授联名出书《小故事,大道理》,作品近百篇,散见于各大报刊。

陈慧英,泪琥珀,80后,自由撰稿人。作品散见于《新民晚报》《经济日报》《常州日报》《博爱》《知音》《金山》《微型小说选刊》等刊物,文笔比较细腻,善于细节描写,构建故事能力较强。

潘霞,十年编辑、记者从业经历,采访企业家以及培训讲师几百人。

河南省小小说学会会员。在杂志报纸发表文章数十篇。目前为青岛澳氏集团撰写的企业文化故事集《有灵魂的企业》即将完稿印刷。

辛晓阳，90后作家。《中学生百科》《青春美文》专栏作者湖南卫视"天天向上"文学少年代表作家。在《意林》《美文》《经典美文》等杂志发表文章三百万字。即将出版长篇小说《年少无少年》。

李妍，女，硕士。2011年至今兼职图书编辑，已经出版的书有：《别说你懂通货膨胀》《气场心理学：潜能的力量》《婚前协议时代，你准备好了吗？》《小老板的创业致富路》。即将出版的有《硬汉普京》《武则天传记》及一系列养生书籍。

黄小邪，女。曾为记者、演员、文案、公益摄影者，现为专栏作家。为《知音》《风流一代》《佛山文艺》等杂志供稿。作品主要有《繁漪传》《心静，风烟俱净》《爱父母，在囧途》《吴庸的梦想》等。

史修辉，男，诗人，作家，上世纪七十年代出生于山东泰安。先后在《星星诗刊》《诗探索》《黄河诗报》《三月风》《齐鲁晚报》等刊物发表诗歌、散文、小说百余篇（首），出版诗集有《秋夜箫声》。

顾长虹，笔名彩桥，职业教师。热爱写作，在《知音》《现代家庭》《中国妇女报》《林海日报》《敖鲁古雅风》等杂志和报刊发表作品十余篇。

岑嘉俐，在网络及《碧草》等刊物发表文学作品近200万字，获得过"黄山杯"全国文学艺术作品大赛优秀奖等10多个奖项，主编过《小故事大道理·女孩版》《高中生议论文大全》。

聂光玲，女，80后，华夏文化传播网凯风陕西专栏作者。至今发表60余篇作品，累计达15万余字，散见于烟草行业内外全国各报刊杂志。

贺雪峰，女，陕西榆林人。大学毕业后，在一所中学担任语文老师。文章散见于《延河杂志》《榆林新青年》《扬子晚报》《宽洲文艺》《星星诗刊》《鄂东晚报》等刊物。

马汉琴，笔名马小磨，文字散见于《知识窗》《幸福》《博爱》《家庭百事通》等刊物，已拍剧本有《大傻的爱情》《襄阳婆婆洋媳妇》《牛家牛事》，出版图书有《舞动的生命》。

邓君霞，以邓君、安隐等笔名在《安徽文学》《读者·原创版》《幸福·悦读》《演讲与口才》等刊物发表文学作品。其中《孩子，让我们一起努力》荣获２０１２年《读者·原创版》创作新星选拔大赛二等奖。

赵文静，女，河北河间人，《特别关注》《文苑》《新青年》等杂志签约写手，作品散见于《特别关注》意林《人生与伴侣》女子世界《辽宁青年》《博爱》等杂志及国内多家报纸。

刘芳，在网络中用笔触行走10年，部分作品散见于《作家天地》《山东文学》《散文中国》《呼伦贝尔报》《红河日报》《太原日报》等国内报刊、杂志。

王丽君，女。湖南永州人。作品散见于《文学界》《理论与创作》等多种报刊。2015年撰写了10篇人物纪实稿件，被相关单位书籍采用。有长篇励志报告文学《铁·杉年轮》待出版，有诗集出版。

"巨人之路"还有一个"苛刻"要求就是，尽管这些撰稿人都这么优秀，但也并非人人都有稿写的。成功与目标人达成意愿之后，李朴首先

会在撰稿人交流群里发放目标人的资料，由诸多撰稿人参与"竞标"，在限定时间内撰写策划书以及样书提交，通过公司三层把关审核以及协同目标人商讨敲定后，再让其中一名撰稿人"领标"撰写。如此确保图书撰稿质量，最大限度让客户满意。

第四节：舒心：阳光的企业文化

企业文化是企业的核心力量。通过企业文化建立起来的企业内部员工生存环境和企业外在生存空间，是一个企业重要的无形财富。企业要真正步入市场，走出一条发展较快、效益较好、整体素质不断提高、经济协调发展的路子，就必须加强企业文化建设。而出版业面临着来自国内同行，国外大型出版集团的竞争压力，在这种情况下，更需要从管理入手，加强自身建设，形成鲜明的企业文化个性特色。同时，出版社所经营的又是特殊的商品——精神文化产品，加强自身企业文化的建设更为关键。

辰麦通太图书有限公司就是这么一家善于经营企业文化的公司。它的企业愿景是成为传播行业的领头企业，致力改善国民阅读现状；发展目标是塑造有魅力的文化、构建有灵魂的企业。而我们有理由相信，它确实能够茁壮成长，一步一步迈向目标。因为它有优质的企业文化土壤。

公司管理层时刻记着自己是个文化人

王烨和伍英本身就是作家，王烨策划、编辑、出版了《成功的密码》《青少年知识百科》等300种图书，有代表作《简单的成功密码》、"微阅读1+1工程"（共100种）；伍英策划出版过100多种书，有代表作《青少年应该知道的》系列丛书（共20册）《中国古代绘画》《中国古代艺术》《中国古代音乐》《中国古代石雕》。他们作为专业出版人，明白出版者的图书产品具有明显的文化属性，而文化属性决定了其图书产品在意识形态上的导向性。因此，他们始终秉承"出版最有价值的图书、传播最有影响的文化"的宗旨，牢记自己身上肩负着知识传承、教化、构筑民族心理的使命。当他们每编辑一本书，将书送到每一个读者手中时，总把如何引导读者、充实读者精神生活的目的放在第一位。他们更懂得出版者自身的管理水平和经营状况以及员工的思想文化素质和业务技能决定了出版社的产品能否始终坚持先进文化的发展方向，能否生产出高品位、高境界、高质量的出版物。基于此，他们注重加强员工的政治思想学习、加强业务培训、提高员工政治和业务素质，以带领团队站在时代的最前沿、高瞻远瞩、与时俱进。

重视员工个人价值

对于员工管理，王烨和伍英信奉管理学家赫兹纳的"双因素理论"，即保健因素与激励因素，坚持"善于影响、推动、改变、激励他人，营造良好的工作氛围"的管理理念。图书出版公司作为文化企业，员工的文化水平普遍较高，员工对人际关系、自我价值实现等高层次的需求更为看重，他们注重采用激励的方法，重视员工工作上的成就感、职务上的责任感、传承文化的使命感以及自我价值的实现和企业发展的双赢。也因此，辰麦通太图书有限公司的良好企业文化就像一块巨大的磁石，对内部员工起着吸引、凝聚的作用，对外能不断吸引更多的优秀人才前来应聘。

艺术总监李朴就是被这种企业文化吸引过来的一员。李朴与王烨的相识是偶然，也是必然。偶然是在十几亿人中，两个人的相识多少需要缘分，因此似乎这俩人的相识是可遇不可求的。然而，共同的事业追求——中国微小说事业的参与者和推动者，却使两个在同一个行业里拔尖的两个人的相遇成为必然。王烨曾经主持出版了"中国微小说1+1"工程；而李朴则是中国第一个国家级微小说栏目——《小说选刊》掌上小说栏目的策划人和主持人。

提起《小说选刊》，稍微关注下文学的人都会知晓。《小说选刊》创刊于1980年，《发刊词》是茅盾先生亲撰，刊名题字亦为茅公手笔。自创刊以来，《小说选刊》一直以严格的遴选标准和多元丰富的艺术追求，引领文学潮流、推动文学创作、发现和扶植文学新人、时刻不负自己的文学责任和精神担当。许多优秀作品都是从《小说选刊》出发，为更多的读者大众所熟知和传诵；许多优秀作家都是从《小说选刊》上路，走向更广阔的天地和世界。因此，《小说选刊》在文学界享有极高的声誉，被誉为"中国当代文学的晴雨表和风向标"。李朴是一名真正的文人，他对文学有着十足的痴爱和执着。自小便深爱文学的他，喜好读书，在博闻强识中视野开阔，有独立的思想和见解。十几年的苦练深学，使他提笔便能写，写必有深度，是文学界中造诣颇深的文学鉴赏家。作为《小说选刊》的编辑之一，本着对文学的热爱，他可以通宵达旦去阅稿审稿，看到一篇好文章会欣喜若狂甚至半夜哼曲；他更是为无数作家和撰稿人制作"嫁衣"的出色"裁缝"，用心引导和栽培文学新人，甚是优待其作者和项目撰稿人。一位名叫李伶伶（笔名：天空的天）的小小说新星就是被他挖掘的。

李伶伶，笔名天空的天，辽宁北镇人，现居辽宁葫芦岛。在《小说月刊》《羊城晚报》等报纸杂志上发表作品若干，有作品被《小说选刊》《小小说选刊》等刊转载，还有部分作品入选百余部年选及作品集。其中《藏在水果刀里的爱》入选《新中国60年文学大系·小小说精选》。而对她的人生影响最大的是其小小说《翠兰的爱情》。

李伶伶患有肌肉萎缩症，学名叫进行性肌营养不良症。初中二年级的时候因为病患她被迫辍学。2001年的夏天，她有了可以代步的轮椅，第一次去县城玩。而后她在县城的杂志店，遇到了小小说。出于对这种文体的喜欢，她试着学写。之后，她尝试着在各大媒体杂志发表小小说。2010年，她在《天池小小说》弟10期发表了《翠兰的爱情》一文。时任《小说选刊》编辑的李朴在选稿的时候，意外地发现了这篇文章。彼时李伶伶发表的很多作品的影响力还不够，因而还没什么名气，算是小小说界的新人。但是李朴选取作品从来不是只看名头不看质量，相反，他觉得有名气的大咖们要成功、上稿已是件轻而易举的事，而对于新人而言，任何一个机会都显得无比珍贵，因而他更愿意多花时间挖掘有潜力的新人，多给新人搭建舞台。于是，李伶伶的《翠兰的爱情》一文成功PK掉了其他几位文学大家的作品，成功当选——被《小说选刊》所转载，刊发在《小说选刊》2010年11期上。而就是李朴的这么一推，李伶伶踏上了事业的高峰。

2010年11月还没过完，她就接到了来自某读者的电话，读者表示他在《小说选刊》上看到了《翠兰的爱情》，很喜欢，并与李伶伶探讨起一些阅读心得。这是第一次有读者给李伶伶打电话，她感到非常惊喜，因为她的小小说赢来了铁杆粉丝，她感受到了自己的价值。更让她惊喜的还在后头。《大宅门》《李小龙传奇》等电视剧的制片人俞胜利在《小说选刊》上看到了《翠兰的爱情》后，决定与她合作，将作品扩编成36集电视剧。2012年9月17日电视剧开机，2014年9月12日在河北卫视播出，10月14日青海卫视播出。

此事李伶伶在《〈小说选刊〉改变了我的生活》一文有详细记述，她表示："这真是一个奇迹，一篇小小说创造的奇迹！我的生活也因此而改变！"之后她用写剧本的稿酬在辽宁的葫芦岛买了房子，帮父母实现了住楼房过城市生活的愿望。而一切，只源于李朴那卓越的文学鉴定能力以及培植文学新秀的仁心。《翠兰的爱情》之后，名利双收的李伶伶一路顺畅无阻，创作了《说不出的悲伤》《数学家的爱情》《乡村羊事》等优秀作品，并分别获得第十届全国微型小说（小小说）年度评选一等奖（2012年）、第六届"茅台杯"《小说选刊》提名奖、"首届（2014）武陵小小说年度优秀作品奖"等。2013年，她在《天池小小说》开设小小说专栏，荣获2013年小小说十大热点人物的殊荣。

李伶伶一直记着责任编辑李朴的知遇和栽培之恩，惦记着要当面向他道声谢，但当她有幸赴京参加《小说选刊》的颁奖会时，李朴已经离开了《小说选刊》，她始终没能见上恩师一面。对此她一直颇感遗憾。

这只是李朴扶持新人的一件小事，他是一个热爱文学的人，所谓志同道合，对同样爱好文学的人自然有一种特殊的情感，因而关照备至，并且他更乐意给潜力股文学爱好者搭建平台。他热衷发现新人，扶持新人，文友有难必定倾力相助，这是文学界很多人对他的认识。而他仍有更大的抱负，就是为撰稿人争取更大的合理权益，为中国的撰稿人撑起一片蓝天。

因为对同一个梦想的坚持以及对李朴文品、人品的敬重，王烨以十二分的诚意邀请了李朴加盟辰麦通太，他信得过李朴的专业水平，知道他有着敏锐的文学洞察力、独到的文学鉴赏力和权威的文学评判力。而这些，一定能够帮助辰麦通太走上更加辉煌的出版之路。而李朴同样

第七章 「五颗心」挑起的责任担当

欣赏王烨的魄力以及辰麦通太图书有限公司的生命力，于是两人一拍即合，携手继续编织中国的微小说梦。而由此，李朴也切入了公司已经准备和探索了近两年的大型文化项目——"巨人之路"。

王烨不光对李朴有这种高度肯定和欣赏的胸怀，对公司的许多员工，他都能看到其个人的"闪光点"并及时给予肯定和鼓励。他经常表扬做文案的小李细致周到有耐心，是个可造之材；表扬小王的思维很活跃，经常能想出一些新点子；赞美小陈能吃苦，撰稿速度快且质量有保证；小洪开车稳，待人热情服务周到……在他眼里，每一个员工都有优点。他说："只有不断肯定他们，他们才能在工作中感觉到快乐，我们辰麦通太也才能有愉快的工作氛围，并因此大大提高工作效率。"除此之外，他提倡人人平等，领导与员工之间、员工与员工之间在感情上应该是水乳交融的关系，他努力营造一种奋发向上、团结协作、和谐发展的文化氛围。因此，他尊重员工、为员工着想、考虑员工的难处，主动满足员工的利益需求。

做到了尊重员工，员工也会自觉地维护公司的利益。懂得尊重员工、激励员工，这确实是一种高超的领导艺术。

"诚信、优质、创新、致远"的企业精神

诚信是立人之本、齐家之道、交友之基、为政之法，更是经商之魂。王烨和伍英坚信诚信是企业合作的基石，是企业核心竞争力和发展战略的重要组成部分，是企业可存续的基础。他们相信不讲诚信的企业或许可谋一时之利，但定会失去长久之利；一个唯利是图的企业，不可能有牢固的合作伙伴，不可能获得长久发展。因此，他们努力将诚信打造成辰麦通太图书有限公司的"金质名片"。有一次，一家中小型企业家的经理贾氏与王烨在微信上预定了20000册青少年读物，双方约定两天后贾氏上门提货，届时再一并下单。而在贾氏约定的提货时间的前一天，王烨

的一位出版业朋友因为临时需要同样的图书急售，提出以高出图书原价二分之一的价格买下那20000册青少年读物应急。考虑到贾氏明天就要提货，时间上赶印不出来，王烨没答应，他诚恳地说道："老朋友，真是对不起了，这批货我已经答应留给别人了，不能不讲信用啊。"那位朋友问道："对方和你签单了吗？如果没有，就不算违约啊。""但我们已经口头预定了，如果我临时有了变数，岂不是耽误了人家又毁了自己的声誉吗？这样'害人害己'的事干了划不来！"虽于心不忍，但王烨还是坚定地拒绝了好朋友的请求，并答应从别的渠道帮他解决困境。后来，贾氏临时变卦，没有上门提货，那20000册图书因此在库房滞留了两个月，但是王烨却并不因此后悔。他知道什么叫"商人之道"。

"优质"始终是辰麦通太图书有限公司不变的追求。王烨常常反问自己：如何才能出版最有价值图书呢？那就是无论如何，图书的质量都不能打折扣。无论是图书的纸张选择、图书内容的确定，还是排版、装帧等影响视觉感受的工序，辰麦通太都坚持以优取胜，建立专业的设计团队，走好每一个步骤，力争将最好的图书送到客户和读者面前。事实证明，辰麦通太图书有限公司确实凭借优质的图书质量走在了行业前沿。

创新是对原有理论、观点的突破和对过去实践的超越。在企业管理工作中，常见的思维定势、从众心理、惯性思维都是将思想锁住的牢笼。如不及时克服，必将成为限制员工个人事业、使企业遭遇发展瓶颈的元凶。王烨是一个善于思考的人，作为一名出版人，他对行业的未来发展前景有着独特的认识。他早早便意识到了电子商务对纸媒传媒的冲击，因此树立了"新型电子媒体带动传统纸质媒体促阅读，实现全民阅读是我们恒久的追求"的核心价值理念。他更注重培养员工的创新能力，希望自己的员工可以通过每一次的创新，得到更多的收获，在提升自身水平的同时也增强公司的竞争力，实现双赢。

"致远"是辰麦通太的目的。诚信、优质、创新，都是为了致远。王烨、伍英是非常有抱负的企业领导人。他们并不满足于企业当下的发展

状态，也绝不会停下前进的步伐。对他们而言，现在走的每一步，都还只是"在路上"，他们的事业没有顶峰，因为他们有更高的理想和追求。

正是怀抱着这样的信念，王烨、伍英带领着他们的团队，把2015年的成功上市作为公司发展的一个重要契机，从自身条件出发，多样化发展、扩大规模、调整结构、严格强化公司管理和内控制度建设、完善发行审核的法律法规，充分发挥资本市场调配社会资源的作用。伍英在一次采访中明确表示，Q板上市还只是完成了公司上市三个阶段最关键一步，他们还会抓住机会，在2016年完成第二步新三板上市，以最快的速度完成第三步，在2020年实现创业板上市。正是抱着这样的"致远"梦，辰麦通太不断跋涉，以"工匠精神"坚定地向"成为传播行业内领头企业，致力改善国民阅读现状"靠近。

正是这样的企业文化，推动着辰麦通太不断"致远"。这样有力量的企业，又如何不让人安心呢？

第五节：用心："巨人之路"的宣传担当

伍英常常把"你的价值在于多少人知道你"挂在嘴边。她认为，一个企业或者企业家，只有大大提高自己的曝光率和知名度，才能使自己及产品产生影响力，也就相当于给企业的腾飞插上了翅膀。于是，辰麦通太结合自己做企业的经验，立足于当下企业发展的真实需求，积极为各行各业的企业打造靓丽名片，用自己的宣传担当来扩大客户企业的知名度和影响力。

擅长讲故事的"巨人之路"用优美的文字将企业、企业家的故事刊录下来后，最大的责任便是将之广而告之，让越来越多的人看到这个故事、传播这个故事，并由此认识故事里的人和物。如此，"巨人之路"才算是完成了自己的使命。

而究竟如何才能更好地担负起自己的宣传担当，完成标的企业交托给自己的使命呢？

为"订制"的故事做广泛的线下推广

辰麦通太是集图书策划、出版、发行为一体的大型文化产业机构，作为一家做了10年图书的上市企业，辰麦通太本家书已经出版近400种，涵盖大学生阅读类、社会类、中小学生阅读类，加上它竭诚与业内同仁合作，取得了多项供货业绩，攒下了丰富的线下营销经验以及宝贵资源，为"巨人之路"大型项目的图书销售——帮目标人"卖故事"打好了基础、铺平了道路。

据《2014–2015年度北京市全民阅读指数综合报告》数据显示，北京市综合阅读率为91.16%，其中纸质阅读率为81.7%，数字阅读率为78.18%。这表明纸质阅读依旧是人们阅读的主要方式，人均年纸质图书阅读量为9.49本。据《2015年上海市市民阅读状态调查报告》，在纸质媒体还是数字媒体的选项中，受访者中68.4%的读者把纸质阅读列为首选。在回答选择纸质读物的原因时，大多数人回答是"深阅读"。在如今的全民阅读活动中，实体书店作为公共文化服务设施的一部分，更加扮演着阅读引导的重要角色。而辰麦通太的主要业务是为全国各地的新华书店、全国各地的4万家图书馆、全国各地的几千家咖啡屋和高档会所、全国各地的五星级及以上的高档宾馆、飞机场、火车站等提供图书采购、配送及图书数据加工服务。诸多平台大大确保了图书的发行量，一本书的发行量10万册对辰麦通太来说不难做到。

《微阅读1+1工程》这系列图书的发行就是个很好的例证。从2013年8月份到2014年底，辰麦通太就连续出版了4辑共60册，目前累计发行30万册，达到了预期销量。

通过文字和视频的形式线上推广"订制"的故事

辰麦通太知道随着移动互联网时代对纸质图书出版发行行业的冲击，传统的推广方式已经很难渗透下去，没有创新、不破除瓶颈就等于死路一条。因此在充分利用传统营销模式的同时，辰麦通太不断拓展思路，整合传统媒体和新媒体，开拓新的营销资源，实现多元化、全方位的营销。

伴随着微信用户的快速增长，伍英将眼光放到了微信平台上，在2014年1月10日使用时下最热门的微信社交信息平台，推出了微时代的新产物——"微阅读100秒"，坚持每天在公众平台发一个小故事。伍英说："很多人都知道读书是件好事情，但是能坚持每天看书的人不多，学生忙于作业考试，商人忙于应酬商务，各种各样的事情妨碍了人们的阅读欲望。但是如果把读书变成一件愉快的事情，那就不一样了。我们推出的'会讲故事很重要'微信平台，每天只发布一篇可读性强的故事，只需要三四分钟便可以阅读完，读者在短短时间内便能接收到有效信息，何乐而不为呢？"伍英还作出统计，"根据大数据的分析方法测算，每天一篇坚持下来，读者一年就相当于读了4.75本书。"据悉，从目前微信平台的阅读量来看，阅读量最高的文章20多万，最低的也有1万多，微信平台发挥了很大的辐射作用。

实际上，伍英这种服务于读者的方式，也服务了自己。正如她所说，"我们通过一个简短的小故事，就能将正确的道德取向和正能量融入到读者的思想中，让社会变得更和谐，这比起我们的销售额更有价值。当你变得有价值了，还愁销售吗？"当一家出版公司本着服务的态度，与客户或读者建立了有效连接，那么它的商业价值便不难实现。通过用心服务的前期努力，辰麦通太能够逐渐建立自己的"铁杆粉"，而当"订制"的故事在微信上推广时，让标的人实现"不少于200万次曝光"并不是句空话。

第七章 「五颗心」挑起的责任担当

"巨人之路"项目推出的图书除了利用微信平台广做宣传之外，还在天猫、京东、当当等网站进行线上展示出售，旨在多渠道扩散图书的影响力。

当然，线上与线下的营销配合特别强调统筹协调，这不仅表现在编辑、营销和发行部门的合力上，更体现在地面店促销、网店营销活动、微博和媒体宣传等各种营销方式的合力上。很显然，辰麦通太具备了将两者完美结合的实力。

全网式推广营销接力，系列宣传活动跟上

全网营销就是通过搜索引擎营销、口碑营销、品牌营销、整合营销、微营销等网上营销手段，让消费者通过自己关心的关键词轻松快速地了解产品，并了解产品的荣誉、技术和效果，最终促成交易合作。对于企业来说，全网营销具有精准营销降低宣传成本、提升品牌形象、增强与客户黏性、利于占领更多市场资源、促进整体销量、解决线下销售瓶颈问题、完善客服体系、梳理分销渠道的优点。无疑，同样也给出版业带来了福音。

随着信息技术的发展，充分利用新技术可将图书产品内容数据化、碎片化，用新技术将销售过程变得更具多样化，做好快速物流平台，探索网络销售和地面销售的利益分配新模式。

辰麦通太充分发挥了新技术数据齐全、查询方式便捷、不占物理库存的优势，将网络书店变成地面的大数据库房。

此外，"巨人之路"还为"订制"故事量身打造一系列宣传活动，包括图书出版、企业访谈、微电影拍摄、图书签售会、微信巨人商城等，通过这些活动，让目标企业或企业家参与其中，有助于其结交各行各业的朋友，扩大商圈、促进事业发展，进入一个低成本、高效益的宣传平台。

第八章
用"巨人"的成功法则推出更多"巨人"

第一节:"巨人之路"给企业家的坚定承诺:只要你想要,我都能给

世界上最动听的情话是"只要你想要,我都能给"。如果一个男孩子对一个女孩子说出这句话,铁定能把姑娘们感动得稀里哗啦。因为即使那位男孩能力有限,并非给得了姑娘任何她想要的,但是这满满的诚意也足以融化姑娘的心了。

"巨人之路"也是一个特别有诚意的项目。它给企业家的承诺是:只要你想要,我都能给。这不是狂妄之语,敢于说出这些话自然要有些底气的。

市场交换活动的基本动因是满足人们的需要和欲望。首先,"巨人之路"知道企业家想要什么;其次,"巨人之路"具备了满足他们的条件。

首先,辰麦通太具有一双尖锐的洞察市场的眼睛。在很多人拼命地以这样那样的方式提高产品的曝光度时,辰麦通太看到了故事传播带来的巨大影响力。因为有故事的东西不仅为人们津津乐道,还能广为传播并影响深远。成功的营销需要故事作为载体,只有故事才具备了持续发光发热的能耐。事实证明这是准确无误的。因为聪明的人们渐渐从一些成功的案例中发现了这个规律。比如一个"网红"的走红源于一些奇葩故事的传播;比如每一个 MV 里的动人故事让人深刻体会了歌词的蕴意;比如含有"回家"等亲情元素的商品广告受到了异乡人的热捧……辰麦通太的眼光与企业大咖同步,当企业大咖把眼光投向故事营销——"最好的自我宣传方式就是讲故事"的时候,辰麦通太也成功地捕捉了这个信息。

其次，辰麦通太提取了第二个关键信息——企业喜欢借出书来讲故事。国家级报纸一个全版的广告费就达十几万元，但其宣传效果仅能保持一天，因为没有人愿意去"复习"昨天的报纸。电视虽然是目前受众量最大的媒体，但电视广告转瞬即逝的特征，使观众很难对广告内容留下很深的印象，除非你成年累月地"轮番轰炸"。而很显然，图书的分量要比报纸厚重得多。重要的是，图书可以使人在愉快的阅读中，潜移默化地接受企业传递的信息并留下难以磨灭的印象。无疑，企业出书是企业宣传的最佳选择。所以很多企业家特别是明星企业家也成为了令一般文字工作者羡慕不已的高产"作家"。这些企业领导人的大作连连面市，而且畅销市场，赢得了广大读者的追捧。事实上，企业出书确实是企业宣传的重要手段，是一种比广告更有效的宣传方式，能用比其他广告形式还少的运作资金，为企业带来最大的品牌收益，同时也弘扬了企业的文化。

再次，辰麦通太注意到了许多企业家"立言"的意识源自给子孙后代留下重要的精神财富和文化瑰宝。古代贤人倡导"立德、立功、立言"，对企业家个人来说，辛苦打拼几十年，创造了知名品牌，创造了市场经济的奇迹，也积累了丰富的文化资源。或者说，他们本身的经历就是智慧和文化。成功的企业家通过总结、提炼自身的经营管理经验分享给后辈，而不少企业家因此获得了社会美誉。更重要的是，不少企业家认为，物质财富很可能很快便挥霍一空，而只有精神财富是永恒的，是永不枯竭的。即便是某一天其给子孙留下的物质财富遭遇某些变故而丢失了，但只要精神财富、经验还在，再创造出原有的财富就不是难事。所以，他想要有一个好的载体将他的经历、精神和理念承载下来，而这，只有图书能够做到。

辰麦通太就是这么捕捉到了企业及企业家的需求、市场的需求的，知道了"你想要什么"，而它又能给什么呢？

众所周知，企业家是个大忙人。事实上，许多企业家对于出版自己

的著述具有显而易见的意愿，也不缺乏人生事业之感悟，他们创业的历程中必定有足够的素材可以大书特书。但是，在职企业家执掌着企业的命脉，几乎个个都是日理万机，根本没有闲暇埋头著书。即使是能挤出时间，但写作是件需要全心投入，进入状态才能完成的艰苦的工作，同时也是需要灵感的脑力劳动，很难利用零散时间完成。如何解决这个困扰企业家"出书难"的问题呢？无疑，"代笔"是较为理想的选择！辰麦通太在"巨人之路"项目启动之前，就积累了大量的撰稿人资源，手上不乏省作协、各个地市作协的会员以及活跃在网站报刊的知名撰稿人，这些撰稿人大多有过出书的经验有的甚至出版过十几部书。如此强大的撰稿团队可以确切解决当下企业家出书的难题。辰麦通太可以派遣资深撰稿人对企业家进行深入采访，收集相关资料，创作出最符合企业家的传记作品，实事求是地写出企业家如何白手起家、如何规避市场风险、商战失利之后如何东山再起、怎么突破经营、管理中遭遇的瓶颈等经历，还可在讲述创业故事的过程中融入经营理念，突出经营、管理智慧，展示企业文化，从而让更多人分享其成功，了解其创业历程中的酸甜苦辣和喜怒哀乐，也让更多的人从其故事中得到点滴启迪和几许慰藉，让读者在轻松阅读中获取经验和方法。初稿完成后提交企业家审查，让企业家提出修改和补充意见，然后再安排撰稿人进行第二轮采访，修改稿再提交审阅、修改，直至企业家满意后定稿。

　　当然，辰麦通太能做的不仅仅是"代笔"——这一解决企业家时间、精力和写作水平的限制问题工作，还提供图书策划、出版、宣传等"一条龙"服务，保证服务到家。辰麦通太主营出版业务十年，这十年里，勤劳而又善于思考的企业领导人王烨和伍英通过不断总结、思考、提炼，积累了这个行业里的丰富经验和精华，且以"出版最有价值的图书、传播最有影响的文化"的企业宗旨在业界拥有很好的口碑。本着这个理念，辰麦通太可以出版最精美的图书，使之成为一本全国发行畅销的企业"吕氏春秋"、一座企业快速发展的里程碑、一份老板可以送人的高雅礼物、一次历史性的品牌华诞、一份老板给所有员工的厚礼、一次媒体关注的焦点。

图书出版后，辰麦通太也能为企业家解决推广销售问题。2015年5月在上海挂牌上市的辰麦通太大大提升了自身的影响力。而这个影响力，正是企业家推广宣传企业故事的重要介质。辰麦通太也不是迂腐的，它善于结合市场的各种优势，善于发挥市场的最大效能，利用当下的信息技术实行线上传播和推广，充分利用新媒体的传播功能，让"巨人之路"项目图书实现200万次的曝光不是梦！

"巨人之路"的团队是一个敢想、敢做、敢承诺的团队，因为承诺了，就要接受监督。而这在"巨人之路"看来，并不是压力，而是促进其不断前行、跋涉的不竭动力！

第二节：为企业"镀金"是我们的职责

随着全球经济一体化进程的加快和网络信息时代的急速来临，企业面临的商业环境日益复杂，其生存、发展压力重重。面对竞争，能否在竞争中立于不败之地，很多企业家都已经认识到，企业的对外宣传已经成为一个至关重要的因素。现代企业的竞争，不单纯是产品和价格的竞争，更重要的是形象的竞争。因为企业形象是企业重要的软性资产，是企业发展壮大必不可缺的重要组成部分。在市场经济条件下，塑造良好的企业形象对企业的发展是相当重要的。

第一，良好的企业形象可以使企业得到社会公众的信赖和支持。这是因为，企业形象好首先意味着企业的信誉好，而讲求信誉、商誉是企业的核心价值观，是企业理念中不可或缺的要素。惟有诚信至上，企业才能百年不衰。而企业的信誉形象能树立公众的精神信仰，使企业能够获得公众的长久支持。其次，良好的企业形象有助于企业产品占领市场。

松下幸之助在《日本公司经营》一书中提出："在商品日趋丰富的社会中，选择哪个公司的产品很大程度上取决于企业形象。"美国一家权威周刊的一篇文章也写道："在一个富足的社会里，人们都已不太斤斤计较价格，产品的相似之处又多于不同之处，因此，商标和公司的形象变得比产品和价格更为重要。"可见，形象良好的企业在市场营销中具有很强的竞争力。因为如果消费者本来就对企业颇有好感，自然就很容易购买其商品或产品。

第二，良好的企业形象可以增强企业的筹资能力，提高经济效益。任何一个企业在发展过程中几乎都离不开筹措资金的问题。此时，良好的企业形象便发挥了重要作用。因为人们只会把资金和资源借贷给信誉、形象好的企业，也不会放心地去购买一个业内无名甚至有过差口碑的企业出售的股票。

第三，良好的企业形象有利于企业广招人才，增强企业发展的实力。人才在好的企业不仅能人尽其才，发挥最大作用，实现自己的人生价值，而且能够获得更多的进修和学习的机会，不断提高自己的能力、充实自己，获得个人事业的成功。因此，许多有选择权的优秀求职者都是"慕名"选择企业的。

第四，良好的企业形象有助于增强企业的凝聚力。企业形象所倡导的企业理念和企业价值观是企业的灵魂，是企业经营的最高准则和员工共同的精神信仰与行动指南，它培养着企业员工的团队精神，它在企业内部管理中的作用已广受重视；良好的企业形象能够激发员工的自豪感、荣誉感，使他们热爱企业，献身企业，自觉地把自身的言行和企业的形象联系起来，把自身的命运和企业的命运联系起来，从而产生强烈的使命感和责任感，进而提高工作效率。

在第10届国际企业伦理和企业形象研讨会上，有关专家就曾预言21世纪企业的发展将以形象力的提升为导向，国际市场将进入"商品力、销售力和企业形象力三轴指向的时代"。据统计，20世纪90年代以后企业形象广告支出平均年增长率为22.4%，比商品广告支出的年增长率高出了9个百分点，这说明越来越多的商家已经认识到企业形象的神奇作用，进而通过企业形象的设计和传播获得高投入、高回报的效果。

因此，打造良好的企业形象绝对是值得"下血本"的。有两种花钱方式，一个叫做"投资"，一个叫做"成本"，两种叫法却有着完全不同的内涵。同样花一笔钱，如果把它当作成本，无论这笔钱多么少，它都是成本，都应该尽量压缩、减少，直至不花为最好，因为它不能实现增值；而如果把它当作投资，则截然相反，不管这笔钱下注再多，它都是投资，将来是有更多回报的，所以就可以毫不吝啬地花，花得越多越好，因为投资得越多，将来的回报也将越多。

而打造企业形象花的钱其实就是一种投资。因为只要企业形象上去了，它将产生无尽的效能，为企业带来不尽财富。

奥美有这么一个观点："企业形象的建立，就如同鸟儿筑巢一样，从我们随手撷去的稻草杂物建立而成。别小看了这些稻草杂物般的细枝末梢，正是它们奠定了一个企业形象的坚实基础。"企业的形象建立，确实

是需要一点一点地累积起来。可以通过在平常的交易中以诚为本建立良好的信誉；也可以通过突出的产品质量取胜；更可以通过品牌背书实现"华丽转身"……当然，还有一个最简便快捷的方法——宣传。

辰麦通太的王烨认为，很多好事情如果只做不说，那就是傻透了；如果做了才说，那真的太慢了。只有做与说同步，甚至"说"比做得更多一些，才能在市场上占得先机。

可以说，"巨人之路"的诞生也是基于这种深刻认识上的。能说会说、已经具备了成功宣传经验并一直秉承"帮助塑造企业良好形象，助推其迈向巨人之路为宗旨"理念的"巨人之路"，无疑是众多企业"镀金"的优选项。

"巨人之路"旨在用一本书的模式，全面、详细地介绍目标企业及公司产品，如企业简介、企业领导人创业故事、企业的厂房、生产设施、研究机构、产品的外观、功能及其使用方法等等，在这个过程中不停地去挖掘目标企业的"闪光点"，用优美的文字不着痕迹地将目标企业的优点推送给消费者，从而让消费者在无形中受到影响并进行消费。

一般地，"巨人之路"给目标企业的"镀金"之旅会着重围绕几个方面展开：

一、围绕着企业的"品牌形象"来开展

企业品牌形象的塑造对于企业具有十分重要的作用，但我国企业在塑造企业形象的过程中仍存在许多问题。如品牌战略意识的缺乏、错误的品牌塑造认知、不准确的品牌形象定位、企业形象的随意更改等问题。针对这些问题，"巨人之路"聚集了一个精心打造企业品牌的顾问团队，这个团队能在撰稿人撰稿过程中提供专业的指导性建议，使撰稿人在撰写企业传记过程中能够树立品牌意识、推行品牌战略、结合企业自身实际制定个性化方案，促进企业良好品牌形象的塑造，以提高目标企业产

品和品牌在国际上的竞争力。

二、在企业领导人的个人品牌上下功夫

据对排名500强的企业研究表明，企业领导人的个人形象在企业以及品牌形象中所占的比重在25%～45%之间，而对于正在成长中的中国企业而言，企业领导人形象与企业品牌形象之间的关系更为密切，整体上甚至超过了40%。因而，做好企业领导人的形象包装，就是最有效的提升企业品牌形象的方式。近年来，很多品牌开始重视利用CEO的形象进行品牌形象提升，表现特别突出的是一些自主品牌，比如TCL的李东生、万科地产王石、海尔集团张瑞敏等，他们通过塑造个人形象不断为企业和品牌扩大声誉，企业领导人通过各种有策略的公众动作和行为曝光，让企业品牌的露出变得自然甚至惊艳，成为品牌美誉度提升的有力来源和支撑。"巨人之路"看到了这一现象，通过反复观察和统计，形成了自己的数据，以"包装"企业领导人作为对企业形象打造上的重要策略。

三、围绕企业文化大做文章

企业文化是企业组织的基因密码，它是直接决定企业能否持续稳定发展，实现企业做强做大的决定性因素。一个成功的企业不仅要有良好的生产经营业绩，还要有表现其核心竞争力的企业文化。因此，"巨人之路"的策略是，在文稿内容上一定要加上企业文化这一重要元素。通过着重笔墨宣传目标企业独特的文化理念和价值观，来帮助目标企业培养自己员工、客户及消费者的认同感和归属感，建立起其与消费者的信赖和依赖关系。

除了将以上三点作为重点的常规的"包装"内容外，"巨人之路"还

会根据客户的实际需求，因事制宜地设计专属的"镀金"方案，一切以提供优质服务、让客户满意为基准。

第三节："巨人之路"制造的传奇

"巨人之路"拥有一双善于发现美的眼睛，以及一张会讲故事的嘴。好的故事在"巨人之路"的推动下，能够愈发散发出亮眼的光芒，创造出更大价值。

孟繁信是亚圣孟子第 74 代后裔，现任通州区于家务中学校长兼党支部书记，年近六旬的他被于家务回族乡的百姓屡屡点头称道，在当地具有极高的声誉。家长们认可的，不仅仅是孩子们中考成绩的连年攀升，不仅仅使于家务中学由一个"中考严重失利，师生大量流失"的薄弱校，成为连续三年受到通州区教委表彰的"毕业班工作优秀校"，更是因为这里的教师爱生乐教，学生仁孝善学，传统文化在这里继承发扬，圣贤思想在这里得到实践。这一切，都源于通州区骨干校长孟繁信。孟繁信只正儿八经上了四年半学，却凭着一股韧劲不断进取，最终学富五车、满腹经纶，带领学生无数，桃李满天下。他修身正己用心为师，39 年如一日，践行着"勤勉奉献"的座右铭，将自己的一言一行化作了一种无声的影响、无言的力量，感染、带动着每一名师生，引传统文化源泉润泽师生心灵，追寻家规、家训、家风，提升地区文明，使中华文化精髓在传承中得到了发展。2010 年 10 月，他创立了由 23 个自然村村支书和部分区乡人大代表、家长代表组成的校外教育理事会，家校联手，倡导"亲子共学，文明同行"。于家务中学不仅在校内开展"崇德悟道做人"教育，还成立了由团员组成的"天使助老服务队"，定期到于家务福泰敬老院和各村孤寡老人家中服务。2013 年年底，于家务中学与仇庄村合作，拉开了"追寻家规家训，呼唤良好家风"主题教育活动的序幕，孟繁信在开

设了"家训家风"微型讲堂后，现已整理并初步确定教师家规、家训 51 份、学生家规 60 份。孟校长将传统文化的种子播撒进了于家务百姓的心中，文化与文明正在于家务地区生根开花。他赢得荣誉无数：1997 年 3 月、1999 年 9 月两次被通县教育局评为服务育人先进工作者；2008 年 9 月被北京市教育工会评为全心全意依靠教职工办好学校的优秀书记、校长；2009 年 10 月被通州区教育工作委员会评为初中建设工程先进个人；2013 年 7 月被评为全国"十二五"教育部规划课题"少教多学在中小学语文教学策略与方法研究"课题优秀校长；2014 年 9 月被通州区政府授予"通州区优秀校长"荣誉称号；2015 年，被评为"通州榜样"，并入选

当年度"中国好人榜"。他的故事开始走向全国,有许多国学馆邀请他前去讲学……

一个偶然的机会,"巨人之路"得以和孟校长相遇。以传播最好的文化为己任的辰麦通太于一次拜访中获知了孟繁信的故事之后,被他的感人事迹打动。于是一场"巨人"与"巨人"的携手书写了一个美丽的传奇。"巨人之路"知名撰稿人史修辉通过一路访问,追寻孟繁信校长的足迹,最终挖掘了他在39年的教育生涯中,如何承继儒家圣贤之思,如何将儒家思想渗透于教学全过程,如何教育学子砺厚德之志,如何身体力行践行儒雅人生的故事。在"巨人之路"的推广下,人们彻底熟知了他39年如一日,哪怕摔断肋骨也不缺学生一节课、一心一意奉献在农村教育的故事;熟知了他坚守孔子"有教无类""因材施教"的教育思想,把学生教育成文质彬彬的谦谦君子的故事;熟知了他以文弘道,追寻家规、家训、家风来影响身边的人重德仁善的故事。这位厚德载道、挚爱辅仁的教育家——孟繁信,他用传统文化影响心灵,用儒学思想照亮教育前行之路,用自己的生命抒写了一个人、一个学校、一个地区的文明发展传奇。在书稿撰写的过程中,作者史修辉表示自己的心灵感受到了强烈的震撼;校稿以及设计封面等相关工作人员不禁称道"这是一位真正的国学大师"。而在针对孟繁信的书稿撰写论证会上,更是给孟校长带来了巨大的惊喜!当时,辰麦通太开会探讨如何完善孟校长个人传记的书稿撰写以及今后如何向市场推广宣传他的事迹,与会的除了"巨人之路"团队人员外,还有部分企业家。听了孟繁信的事迹之后,在场者都被他孜孜不倦的教学精神以及博大精深的儒家思想所打动,心里升腾起对他的崇高敬意。当下,就有两家教育上市公司拿出了十二分诚意,争聘他担任校长。孟繁信均婉言谢绝了,他表示,一来自己年事已高、怕难以担当大任;二是他表示自己离不开这块养育自己的土地,退休在即,他说自己只想继续为提升地区文明发挥余热,在家里建造一个教子堂,让孟母的五大教育思想发扬光大。

第八章 用「巨人」的成功法则推出更多「巨人」

后来，在众人的劝解及两家上市公司的执着坚持下，孟校长终于答应了担任两家私立学校的儒家文化顾问。

"巨人之路"为自己能够搭建这样一个舞台，架接起儒家文化与更多师生的交流桥梁而骄傲。

"巨人之路"的传奇还体现在与爱国者冯军的缘分上。

冯军，华旗爱国者总裁，陕西省西安市人，出生于1969年6月16日，毕业于清华大学。他曾入选"TOP 10 中国科技新锐"、荣获第六届"中国青年科技创新杰出奖"、被《信息时报》评为"IT界杰出 CEO"。冯军1992年于清华大学土木建筑系毕业后，他放弃了一家国企提供的外派出国工作的机会，开始了在中关村的创业梦。而正是他的这个选择，开创了中国的N个"第一"：2002年，爱国者成为国内移动存储和U盘行业的第一名，市场占有率连续4年保持第一；爱国者成功开发了拥有自主知识产权的基于数字水印技术的全球第一台具有内容保真和版权保护的数字水印数码相机；爱国者是中国第一家将企业名称和LOGO印在F1赛车上的公司；爱国者是第一家入驻到奥林匹克博物馆的中国高科技品牌；而冯军是奥林匹亚斯山上进行奥运火炬传递火种采集的全球第一位企业家（这个传递赛段历届奥运会都是由运动员来完成的，冯军创造了历史）等等。

1992年，刚毕业的冯军靠着跟父母要的220元钱，骑着一辆板车，在中关村四处推销防震电脑机箱和防摔键盘，他怀着一股"黄沙百战穿金甲，不破楼兰终不还"的霸气开始了创业之旅。在创业初始，他经历过骑着三轮车向小老板使劲推销机箱"我只赚你5块钱。一月之内。你卖不出去，我保证退款。你看我每天都来，不会跑掉的"的辛酸历程，也被嘲笑"要实现骑着三轮车把中华的旗帜插遍全中国的梦想要实现恐怕得等到猴年马月"。而很巧的是，他人生的三次"概括性"创业都在猴年马月。1992年6月，（猴年马月），冯军响应邓小平南巡讲话，成为北京第一批创客，从清华大学毕业，选择了骑三轮给中关村的诚信企业送优质

键盘，跟随联想、方正、同方一起"中国制造"，创造了"爱国者"品牌；2004年6月（猴年马月），冯军转型做互联网数码产品，MP靠USB即插即用和外观设计和月光宝盒爱的定位，只用了八个月时间销量首超三星等韩国品牌，与楼上楼下的邻居们：新浪、百度、优酷一起创造了"中国智造"；2016年（猴年马月），冯军与全国各地星级酒店一起抱团打造"共创汇"和"诚信换"，帮助中国企业消化30万亿库存中的10万亿优质库存，通过"竞质排名"让消费者安心和省心地支持中国诚信品牌，与各地志同道合者一起打造线上线下互动的中国梦互联网平台，共同推动"中国质造"的中国梦！冯军正是凭借着坚持不懈的精神，经历23年的风雨兼程，创造了自己人生的传奇，创造了中国企业的传奇。

而"巨人之路",很荣幸地缔结了这个传奇。辰麦通太的伍英在宁波总统峰会上遇到了冯军,他向她介绍了爱国者诚信商圈,在注册的过程中,伍英突然发现这个要用手机号实名注册,她了解到爱国者诚信商圈的APP里注册的所有来买东西的消费者都是实名认证,这个透明的网络环境让她感到安全。而她也由此真正接触了冯军"竞质排名"改变中国的思想认识,并因此受到了巨大的影响,对此,她专门作文记述:

其实在2015年听了冯总的竞质排名后,我就想过很多问题。从我做的出版上来说,我先想到了出版的纸张问题,把用纸从以前的70克换成了100克,销售纸张的崔总惊奇不已,说:"伍总,别人可都是往下降成本呀,现在都有用到55克的了,你怎么要用100克,这能成吗?成本高出快2倍了。"我说:"用55克的有很多人,我知道,但用100克的却没有人,说明我的竞争对手已经没有了。我不可能对每一个客户说我的书质量好,但每一本书自带的品质会让他告诉我客户的客户,它自身的传播能力才是我们能打动客户的营销利器呀!"他对我竖起大拇指,其实我内心在感谢冯总,如果我把他这个思想拿来用到我产品的每一个环节上,我的产品会是多么的有竞争力呀!后来我先后把很多没有质量的稿件全部停掉,不改到三个老编辑说可以,就宁愿把稿件丢掉,也不能把这些内容质量不过关的文字出版出来,又在封面设计和版式上下功夫,一定要找行业里水平最高的来设计。价低再也不是我们开会衡量打分的主导要素,质量好才是我要的唯一结果。后来我又以此为指导思想,研发出"巨人之路——千县万众"的出版项目,业内领导看了都说:"伍英,这半年没有见,你的定位思路怎么变得如此之高,这样的项目,如果没有高人指点,能研发出来真是不可能的呀!"我泯然一笑,或许只有我清楚我为什么能把项目研发到如此的高度,我只能再次从内心深处感谢给我指导思想的冯军董事长。我要把它做成"中国梦时期的《四库全书》",这里一定有他的功劳!

为了让冯军的创业故事和"竞质排名"的理论影响更多的人,让更多的人受益，伍英联系了冯军，提出把"竞质排名"的理论形成的过程写出来，得到了冯军的大力支持和配合。因为冯军也想让更多的在阶段迷茫的企业家更快更好地回归到最有价值的事情上去，他希望能借自己的创业故事帮到更多的有爱国情节的人。就这样，"巨人之路"与冯军完美相遇了。而这个相遇，注定是个传奇。伍英在撰写《冯军：竞质排名改变中国》的过程中，更深入地了解了冯军的创业艰辛，也在其中深入地学习了他的智慧和思想精髓，这为自己今后在经营管理辰麦通太打实了理论基础。为了在"猴年马月"这一与冯军特别有渊源的时间点把书出版出来，伍英愣是逼自己在固定期限内完成了一稿、二稿、三稿的审定工作。这期间，身为总经理的她把眼睛都熬成了"熊猫眼"，但她一直都精神抖擞，毫无倦态。她说："因为我被冯军董事长的创业故事深深吸引了，他的精神激励着我，让我始终能够保持'打鸡血'的状态。"

该书纯质纸100克，标准240页，软精装装订，成品尺寸170mm×240mm，书中穿插了冯军的部分摄影作品，视觉效果好。当然最关键的还是图书内容，主要讲述了冯军用自身经历诠释着"中国制造"、"中国智造"、"中国质造"的三个理论阶段，为广大企业家指点迷津，更给诸多中国企业家发出了"抱团发展"的召集令。全书囊括了冯军一生的思想精髓和创业精华，在华语圈产生了重大影响。如今，书还在预售阶段，已有近万读者进行网上预订，而看过本书简介的企业家已经纷纷联系华旗爱国者要加入"共创汇"和"诚信换"。冯军说："感谢'巨人之路'在我实现中国梦的路上推了我一把。'巨人之路'是一个非常有潜力的项目！它能为我们带来惊喜！我选择它，也相信它能制造传奇！"

而辰麦通太胜不骄败不馁，它知道"巨人之路"还在不断进取的路上，因为更大的传奇在后头等着它来创造！

第四节：目标企业家自述："巨人之路"解救我于绝望

我知道万事开头难。要想在成千上万的创业者中脱颖而出，就必须得具有敢拼、坚韧不拔的奋斗精神和敢为人先的创新精神。我感觉自己身体里是流淌着这些奋斗因子的。

于是 2015 年大学一毕业，我就开始了自己的创业之旅——利用大学里积攒的第一桶金注册了一家软件公司。

所谓"行军打仗，粮草先行"，创业需要资金，对于某些领域的创业甚至需要大量资金。对于刚刚走出校门创业的我而言，无疑，资金不足是硬伤。对创业者来说，一般解决资金问题有三个渠道：一是自筹，二是借贷，三是风险投资。自筹金额有限，难以维持；借贷一则资信不足贷款不易，二则有期限要求，不能满足创业的长期投资需要；看起来只有风险投资是我最好的选择。然而，我国的风险投资市场还很不成熟，投资自然需谨慎。我只得奔走亲戚，东筹西借，但资金问题还是没有解决。于是我一有空暇时间就去贴小广告，做家教，扛水泥袋，捡破烂……能想象到的赚钱的活儿，不论看起来有多卑微，我都不怕，只要能换取资金来维系我的创业，我都愿意去干。

除了资金问题，刚出来创业的我还碰到另一个挑战——缺乏管理经验。一份抽象的创业计划书到成功的市场运作，整个操作过程还需要借助长时间积累的管理经验加以磨合，这不是啃一啃纲常条目的书本理论就能达到的。自主创业办一家公司，方方面面的事情都需要自己打理，工商、税务等等部门都要进行沟通、打交道。这个涉及面特别地广，对于刚刚跨出校门的我来说简直是困难重重。然而我并没有气馁，为了积累经验，我谦虚地向同行请教，甚至为了能学到一些实践技能，我恳求小有成就的公司收留我，免费为他们打杂。虽然时常因此看别人脸色，但不得不说，我确实也从中学了很多管理方面的经验。

自主创业要处理的事情面广、量重，靠一个人的力量很难有效地应对各类情况。这个时候，我意识到了组建创业团队的必要性，我相信在有效的管理下，能够让创业团队形成最大的合力，在市场竞争中取胜。而组建团队并非易事。要充分考虑创业团队成员的性格搭配、角色分工及对企业远近期目标、策略制定、股权分配的认同等。如何寻找适合的人选呢？我联系了有软件知识基础的大学同学，组成了一支 IT 五人队。团队解决了，但吃住开销都是个大问题，我们五个大男生挤在租来的一个简陋套间里，生活显得很窘迫，但对于创业初期的艰辛大家都是有心理准备的，也还熬得住。

在我们的努力之下，我们的软件公司小有起色，但是好景不长。由于我们缺乏长期规划，又有点好高骛远，忽视了步步为营以求创造利润的道理。企业很快又陷入了绝境，我们之前的所有努力都付诸东流，并

已经负债累累。这个时候是我们的资金问题最严重的时候，当时真的是求借无门啊！作为一个刚起步的小企业，借贷吧，没有人愿意给我作担保，银行不肯相信，当时有个小伙伴开始动摇了："要不咱干脆关门算了。兄弟，我真的撑不下去了！"团队里的其他成员200多天的坚守也终于在那一刻坍塌。我大学的舍友也说："李鑫，哥们儿真的挺不住了。我想放弃了！"当"放弃"这个词从他口中冒出来的时候，我感到了深深的绝望。我的创业之路，在艰难维系200多天后，就要结束了吗？不，我不甘心啊！

那个时候，团队人员纷纷弃我而去。公司接不到业务，已经养活不了他们了。所以他们的离开，我除了感到一丝悲怆之外，并没有任何怨言，因为我是理解他们的。在一个看不到希望的创业里，没有人愿意投入太多的时间和精力。

一个偶然的机会，在网上闲逛时，我看到了"巨人之路"的项目推广内容。我了解到"巨人之路"可以为80名企业家结集出版一本图书，它可以发挥辐射作用，在80名作者的推广下形成成倍的宣传效应。而当时我也并没想着能够借助这个平台给我的创业带来什么转机，只是作为一个曾经的文艺青年，我特别想把自己这段日子创业的憋屈写下来，记录下来，算是给这段人生有个交代。于是我联系了辰麦通太，交了5000元，完成了订单。接下来的一天，我把自己关在屋子里，一股气将自己如何怀揣着梦想开始创业，又如何组建团队而后经历生活的种种困顿，最终企业因碰到资金短缺而面临倒闭的情况如实叙写了出来，并不忘在一旁发表着自己的心情感受。写完了之后我将稿子发了过去，然后交代"如何没有什么情况最好少联系我了，书出版了就寄一本给我就好了"。

做完这些后，我几乎忘记了这回事。两个月后，我就收到了150本装帧精美的《80个初期创业者的迷茫》图书。辰麦通太的这个效率让我感到非常惊讶，图书的质量也丝毫没有因为速度之快而打了折扣。而更让我感到温馨的是，没几天我就接到了一封热情洋溢的信。寄信方是IT

行业里的大咖——一名软件公司的董事，他提到是在"巨人之路"的推广下看到了我的故事，知道了我的困境，同时也很为我的精神所感动。为了鼓励我坚持下去，他用幽默的口吻说道："我在创业初期也遇到了类似的情况，但就是因为当初没有坚持下来所以只能成为一名董事而不是董事长。"最后他提出，可以投资我的创业，但要答应让他成为最大的股东。这份信任和鼓励让我仿佛在无底洞里看到了闪烁的灯光，我自然抓住了这根救命稻草。根据信件所提的内容，我从多个途径验证了信息无误之后，赶紧拨通了信末留下的电话号码。而这个号码，却是让我的软件公司"起死回生"的重要支点。

如今，我的企业已经回到了正轨，并在短短一年内实现了千万元盈利。很多人问我是怎么做到的，我感觉其实自己是沾了运气的光。如果没有那次偶然的网上一逛，没有与"巨人之路"的完美邂逅，这后面的一切压根不可能发生。是"巨人之路"给我提供了融资、融人脉、融智、融项目的平台，将我从绝望中拉了出来。

而我也是后来才知道，资助我的那位董事许平先生也是"巨人之路"的一个客户之一。"巨人之路"曾通过微信、微博等线上工具传播了他的事迹：企业取得些许成就时，许平开始了慈善事业。当他从家乡的来信中获悉家乡里有不少乡民仍挤在临时搭起的矮棚屋栖身时深感不安，他马上复函至家乡政府，提出捐出100万元支持家乡茅草房改造。回到阔别20年的家乡后，许平说出了一席感人肺腑的话："我当年一人背景离乡创业，到今天已经有整整20年了。20年后的今天，我终于踏上我思念已久的故乡的土壤，虽然一路上我有个心理准备，知道僻远的家乡与灯红酒绿的城市相比，肯定是有距离的。但回到后，我才发现差距这么大。就在我刚下车的时候，我看到站在道路两边欢迎我归来的父老乡亲们仍旧衣衫褴褛，这让我心里很不好受。说真的，那一刻，我真想哭……"许平之后还在家乡捐款建了学校，大大方便了当地孩子上学。

许平先生也提到，这个故事的传播给他个人确实也带来了很大的影

好故事胜过千万营销高手

218

响。很多人看到了这个故事后，都认为他是个真性情、心系家乡同胞的善良人，而这样的人不会只逐利而不顾德，所以和他做生意让人感觉很放心。"一点也不夸张地说，这个故事轻而易举地为我赢来了很多订单。"许平先生半开玩笑半认真地说。

第五节：企业家冯军寄语：我为什么选择"巨人之路"

如广大读者所见，近期"巨人之路"为我出版了《竞质排名改变中国》一书。并且，我对《竞质排名改变中国》这本书的出版感到非常满意。

不得不说，伍英总经理的敬业和专业让我非常佩服。虽然我没有特别强调什么，但她知道我与"猴年马月"这一时间点的渊源，为了赶在"猴年马月"帮我把书出版出来，她非要给自己设定了目标，在短时间内将这本书完美无瑕地送到了我的面前，送到了我的读者面前。如此地贴心周到，让我坚信自己的选择是对的。

整个过程，也特别让我省心。开始时我还担心自己的时间安排不过来怕有所耽误，结果伍总说她会充分为我考虑，我只需要安排时间接受她几次面对面的采访，以及让我的秘书提供一些相关的材料给她，其他的就不用操心了。事实证明，"巨人之路"有着最专业的团队，确实值得信赖。撰写书稿、三审书稿和申请书号、确定印数和定价、三次校对、排版印刷、发行、宣传与销售等等程序，"巨人之路"工作团队真正做到了"一条龙服务"，对此我确实很想为之点赞。

而我在众多的出版人中选择了"巨人之路"，绝不是一个偶然。

我和伍总成为好朋友，可以说是始于缘分，忠于人品。她身上有着一种特别宝贵的品质——重诚信。西汉·司马迁《史记·季布栾布列传》有句话叫做"得黄金百，不如得季布诺"，这也是"一诺千金"一词的来源。在我看来,"一诺千金"用在伍总身上也是一点都不为过的,这个体现在很多方面上。有一次我们在饭局上吃饭的时候,聊到某个书法家的书法如何如何,有位伙伴喝得有点醉醺醺的,半开玩笑地问伍总讨要那位书法家的珍藏品,伍总也随口答应了。但其实我们都没往心里去,当时大家说的话题特别多,很多内容都只是随意聊聊天而已。何况那位伙伴还醉醺醺的,他自己都忘了这件事了。但是没过几天,伍总就亲自把一份装帧特别精美的书法珍藏品送到了他的办公室。那位伙伴说:"伍总太'较真'了。后来我才知道,这份书法收藏品在市场上是很难买到的啊!这是伍总关于这位书法家唯一的收藏品。对于爱好书法的她而言,其珍贵程度可想而知啊!"作为一个旁观者,我也由此特别佩服伍总,一个在饭局上随口说说的话都去兑现的人,和她谈生意有什么不放心的呢?同时,她也是一位特别有担当、有远见的人。她在《竞质排名改变中国》里提到,我的竞质排名理论影响了她,使她在图书销售低迷的时候依然坚持保证图书质量。其实,众所周知,没有我的影响之前,她一直坚持一名出版人的原则,坚守"出版最有质量图书"的宗旨,因此,辰麦通太的图书质量一直是有口皆碑的。不然,辰麦通太又怎能在受电子书冲击之下仍能屹立不倒呢?所以,我相信"巨人之路"、选择"巨人之路"是因为相信伍总作为总策划出版的书一定是有质量保证的。

  另外,还有一些小事推动我做了这个选择。每次我去到辰麦通太图书有限公司,发现地板都被打扫得干干净净,能看到地板上瓷砖反射出的亮光。每个人的桌面都特别整洁、物品摆放相当有条理。我们都知道,对于一个出版公司,它的职员几乎都跟"写东西"有关。据我了解到,写文章是个特别费脑的事情,还要看有没有灵感。没有灵感的时候,是特别让人着急的。这个时候,很多人就会"原形毕露"了,桌面常常乱成鸟窝,这里一张纸写写画画,那里几支笔乱掷一通。但是辰麦通太却没有半点这种现象!我不知道是公司特意对这方面提出了要求,还是员工们的自觉使然。但是我知道,能够把细节做到极致,将一个好习惯长久一致地维持下来的团队，一定特别具有战斗力！这样的团队，值得你把任何事情交给它！

还有一件事情。我与辰麦通太公司宣传部的小冯有过几次接洽，我了解到，小冯每次出差都是提前规划好交通路线，经常选择最省钱的交通方式，住旅店也常常使用团购之类的。而据他所说，公司几乎每个人都是这么干的，都在帮公司"省钱"。我感到惊讶，怎么会有这么自觉的员工？难道是公司有差旅方面的限制规定吗？小冯诚恳说道："为公司省钱都是我们自愿的！因为我们的王烨董事长待我们特别地好，我觉得自己这么做是应该的。""哦，怎么个好法？""王董的管理很注重人，关注到每一个人，只要你是人才，他就关注到你。很多企业领导不知道自己的员工叫什么名字，但我们王董都知道，就算你只是个负责后台运营的他都知道，偶尔还会给我们发个短信鼓励我们。这让我们感觉很温暖，大家在工作中的幸福感也比较强，所以我们人员流失很少。"小冯的回答让我顿时心生钦佩。正是辰麦通太的领导人有着这样的亲和力与博爱之心，才赢来了一群忠诚的员工。如此具有凝聚力的团队，就算是为了公司的名誉和利益，他也会把工作做到最好的。

企业文化可以影响人、感染人，我相信有这样企业文化的辰麦通太，绝对可以满足客户的任何需求。这也是我选择了辰麦通太的重要原因。

有些人问我："冯军，你为什么要出书？是为了名吗？"我很坦诚地回答："没错，我当然是想要名啦。但是，我想要的又不仅仅是名。"我相信当《竞质排名改变中国》这本书出现在市场上的时候，一定会有更多的人记住了冯军这个名字，更多的人更深入地了解冯军这个人。而我最在乎的是，"竞质排名"的思想将会像种子一样，随着这本书的出版发行而传播生长，我希望它可以唤醒更多企业家的竞质意识，也将我们中国的企业家紧紧团结在一起，为实现我们的中国梦共同迈步。当然，我也还有一个私心，我想让我的孩子、孙子、孙子的孩子，一代一代的都可以拿着这本书向别人介绍他的爷爷、他的祖爷爷，并将他的祖爷爷的思想结晶一路传承下去。我想，这是我能留给他们的最具价值的财富。

"巨人之路"的理念我特别认同。它就是看到了这类图书在市场上的价值，于是在这方面开疆拓土、深耕细种，这无疑是其成功的起点。所以，我非常看好它，祝福它能够行稳致远，创造出更大的辉煌，也能够推出更多的巨人。

第九章
"智囊团"的美好未来

第一节：撰稿人是"巨人之路"的"智囊团"

有些人将撰稿人和作家混淆，因为他们都是文字工作者，以为撰稿人就是作家。而实际上，撰稿人不同于"作家"。作家是荣誉称号而非职业名称。一个人依靠创造力创作出文艺作品，受到一定程度的欢迎，即为作家，在中国还要以被接纳入各级作家协会成为会员为标志。但作家本人未必以稿费为主要收入来源，中国各级作协九成以上的会员都不靠稿费生活。

而撰稿人未必要以文学写作为主，其撰稿的范围可以涉及方方面面。

笔者认为，撰稿人分为自由撰稿人和特约撰稿人两类。据《中国大百科全书》（30卷·140页）所示，"自由撰稿人"重在"自由"二字，是不列入报社或杂志社编制及聘用范围之内的，自主给报刊写稿的社外人士。广义上，自由撰稿人泛指编辑、记者外所有给报刊写稿的人；狭义上，专指将为报刊写稿视为职业的社会人士。这些人具有一定的专业水平，在社会上和新闻界有一定的影响力，对某方面问题有一定研究，与多家报纸或杂志的编辑部有较深的关系。他们一般都根据文章内容和档次自由投稿，有时也承担报纸或杂志的专栏撰写工作。自由撰稿人文责自负，他的观点并不代表报社或杂志社。他能够以撰写、发表文章为事业追求或生活经济来源，但通常收入不固定。而特约撰稿人也可以说是"职务写作"，是与自由撰稿人相对的概念，他们多为某个部门、单位的领导人或某一领域的专家、学者写文章，或被新闻单位正式约请、专门为该机构撰写某类文章。比如秘书、学者、教师、受雇用的撰稿人等在职务范围内进行写作，他们的写作也称为职务写作。通常这样写出来的文稿不体现写作者的意图，写作者也不拥有它的版权。但写作者靠这种写作挣工资，有较为稳定的收入。

"巨人之路"的撰稿人都是签约撰稿人，经过"巨人之路"的反复考核和验证，被认定具备承担为"巨人之路"分忧解难、出谋划策的能力，能够扮演好"巨人之路""智囊团"的角色。一般签约撰稿人能够对"巨人之路"接下的项目反应迅速，撰写出目标人想要的书稿。

要成为"巨人之路"需要的有热情写、能写、能快写的撰稿人，真正发挥作为"巨人之路""智囊团"的作用，笔者综合一些行内人的真知灼见，对撰稿人有以下认识。

熟练的撰稿技能

单从上面对撰稿人的概念来看，我们就知道，首先撰稿人要有写作的能力，具备基本的文学功底与起码的文字表达能力。如果语言表达能力不佳，那么就算有再好的构思也无法写成完好的文章；如若缺乏文章的表述技巧，即使是将自己的意思表达清楚了，也同样无法写好的文章。

所以，撰稿人要能熟练运用文字，能熟练应付各种领域、各种类型的文章，应该要修好"内功"。

首先，要拓宽自己的视野，多读书多学习，当好"通才""杂家"。没有开拓的视野，撰稿人在撰稿过程中难免会犯知识盲点的错误，贻笑大方。一名优秀的撰稿人一般有着渊博的知识，这样他才能够在撰稿过程中对某些知识信手拈来，拥有"指哪儿写哪儿"的本事，也能以其深厚的知识背景使人信服。当然，人无完人。只要在某个领域做到博闻强识，"术业有专攻"也是可以的。比如有"中国第一撰稿人"之称的古清生，他的文章涉足美食文化研究、汽车评论写作和人文地理考察等方面。他在这三方面都颇有研究，而最让人熟知的是他对美食的研究。中国饮食文化广博高深，既在食府旅店，更在街市官方，而统一讲菜的分支做法

更是绰约多姿。为了探究美食的奥秘,古清生走遍名山大川、平常巷陌,只要能找到原汁本味的正宗城土美食,他便乐而前往。就是这样,他以行者的姿态巩固了自己在"食文化"上的地位,被称为"美食家",撰写了《大嘴吃八方》《左烧烤右煨汤》《鱼头的思想》《味蕾上的南方》《食在江湖》《徘徊的鱼》等旅食散文,这些文章使古清生成了畅销作家。"吃喝"名气远播后，古清生每年收到全国各地邀请，或担任美食顾问，或出席电视台美食嘉宾。当然，由于受到各种客观条件的限制，不可能谁都像古清生一样"身体力行"去做研究来增长见识开拓视野。所以，对大多数人而言，最直接的方式就是读书了。"书中自有颜如玉，书中自有黄金屋"，脚步到达不了的地方，可以在书中抵达。读书能让自己博学多才，悟性提高。新形势对人的能力提出了更高的要求，只有自己书读多了，知识面广了，在完成撰稿任务时方可如鱼得水，游刃有余。简言之，多读书读好书，对一个人的成长大有裨益。

其次，培养兴趣，多写多投稿。"兴趣是第一老师"，对于一些不爱写作的人，写稿是件非常痛苦的事。他们常常苦思冥想，打坐半天也憋不出半个字来。而对一些喜好写作的人而言，写作是一件让其满心欢喜的事，他们常常会自觉发现生活的美，时不时沉浸在作品的酝酿之中，嘴角还不自觉地上扬。这就是有兴趣和没兴趣的差别。所以，要成为一名优秀的撰稿人，起码内心里要有那么一丝对写作的热爱，才能在之后的撰稿中将这个兴趣无限放大，在其中获取成就感，并且越写越开心。当然，兴趣也是可以培养的，只要有这个决心，在这个发个微信、微博都成文章的时代，其实人人都是写作者。只要有意识地给自己一些这方面的奖励和心理暗示，兴趣是可以被发掘的。所谓"熟能生巧"，只有多练笔，写惯了才能文思泉涌。对很多撰稿人来说，一个小时写2000字是家常便饭。他们常年笔耕不辍，有空马上写，没空挤时间也写，就这么日积月累，逼着自己不断更新文章，不断投入到写作中。虽然一开始全是"泥牛入海无消息"，但最终往往能"守得云开见月明"。因为"坚持"这种品质永远无敌。跨界自由撰稿人李靖曾为某大型国企人力主管，后为辞职写作，现在创业并发起"100个城市生活的人"集体写作计划。当别人问她："如何才能像你一样，成为一名自由撰稿人？"她毫不含糊地答："怀着满腔热情不停写，写十年。"毫无疑问，多写，往死里写，是好多初级撰稿人通往成功的重要通道。此外，多投稿。没有投稿就没有发表文章的机会，写出来的东西就是一堆废纸，只能埋在见不得光的岁月里。因此，只有不断尝试，哪怕背上"退稿族"的称号，也要无所畏惧，厚着脸皮继续投，万一不小心就"中标"了呢。当然，多投稿还有一个好处，就是当你的名字反复出现在编辑眼里时，根据前面营销学里的"曝光率"说法，编辑很容易对你留下印象。再者，编辑也是感情动物，久而久之，石头心也要被你的锲而不舍感化了。当发表的文章渐渐多了起来，撰稿人个人名气会越来越大，如此，个人的选择空间也就大了。

最后，要培养自己的时代感。作为一名撰稿人，只有了解当前政局或政府的意向，才能写出各种新闻媒体正急缺的文章。因为就算是写一些技术性的稿件，也要紧跟时代，你也总不能在夏天就要过去了的时候，写出一篇《避暑的始终良方》来。此外，写作要跟进市场需求，要善于把握人们的最新需要，及时投递当今时代最需要的稿件。

北京知名自由撰稿人一清曾说：成功的自由撰稿人必须有极佳的文笔和极强的生存和社交能力，鉴于现行的文酬较低，他们必得能写一手又快又好的"急就章"，必得文思泉涌而不枯竭，若是"贾岛"式的"苦吟"者，早就喝西北风去了。再者，他们应该是杂家或者通才，为迎合读者口味，应该具有"枪手"的"准头"，还得有打移动飞靶的能力——从以前风行的散文、随笔、小小说到如今的特稿和时尚文章，他们必须随得上"大流"。这一句话，把撰稿人所需修炼的"内功"全给概括了。

撰稿人把文字转化为物质是理所当然的事

中国古代文人给人的印象似乎就是清高、寒酸和耻于谈钱谈利：杜甫的茅屋为秋风所破，陶渊明不为五斗米折腰；或犹嫌谈钱污染了灵魂，而把钱称为"阿堵物"。

常常有人说："那是一个穷书生。"伊沙也说，饿死诗人。重精神，轻物质，是古代很多文人的价值取向。在他们看来，金钱如粪土，可以无鱼吃，也绝不贱卖文字，不做勉强本意的事。

文人的这种清高，同样在一些现代作家身上延伸。但是随着现代生活的发展，人们的认识开始慢慢改观，甚至认为不能创造经济价值的文字是没有说服力的。因为一个穷得连老婆孩子都养不起的"穷酸撰稿人"发出"我视金钱如粪土"的言论只会被认为是"吃不到葡萄就说葡萄酸"。

笔者认为，我们不拜金，对金钱也是"君子爱财取之以道"，凭借自己的写字劳动换取稿费，赢得生活物质，是非常理所当然的。何必被所谓的文人傲骨所绑架呢。作家也是人，也离不开柴、米、油、盐、酱、醋、茶，必先大俗才能大雅。

盛大文学CEO侯小强也是这样的观点：作家有必要生活得更好些。作家通过写作获得丰厚回报，是符合经济规律的，这一点会在以后不断得到证实。写作完全是精神的体现，财富的增加更大程度上会保障作家写出更优秀的作品，而不是会将作家毁掉。

资深传媒人邢艺认为，文学成为商品也是一个时代需求（或者是一些人的需求），被需求就可以论价值，有价值就可以成商品，至于能"卖"上什么价，这有"功底"的关系，也有"运气"的关系。比如你是金子，当你深埋在泥土里的时候，那就是体现不出价值，卖不上价也没办法，但你是金子，就等发光的时候吧，风水是会轮流转的，文学也是如此。

对撰稿人而言，将文学作品转为物质来源，显得更加迫切。因为一个穷困潦倒的撰稿人，基本生活得不到保障，很难持久地在这条路上坚持下去。所以，人们也逐渐认识到了这一点，对撰稿人的"卖字为生"不再是口诛笔伐，而是给予了较大的支持。许多撰稿人开通个人公众号后，不少读者更是在阅读其文章后纷纷在文末给予打赏。

撰稿人应有阳光心态

作为一名撰稿人受打击遇挫折是常有的事。对很多撰稿人来说，遭遇不想写、编辑要求过分、给稿费不及时甚至拖赖等问题都是常有的事。这个时候应该保持平和的心态，不烦躁不急躁。有问题解决问题，有瓶颈破解瓶颈，首先要确保自己不被自己的情绪累死。遇到需要反复修改的稿子，要平心静气认真地修改，哪怕是推倒重来，也不要让自己陷入崩溃的境地。多唱唱《水手》的励志歌曲，把情绪的小船稳住。遇到找不到灵感的情况，也不用着急，字是一个个码出来的，平心静气地坐下来，说不定写出第一个字的时候第二个字也就跟着冒出来了。遇到编辑催稿，也不必生气惊慌，人家付了你稿费催你要稿很正常。

所以无论什么情况，都没有理由抑郁。

这是成为一名撰稿人最需要具备的心理素质。

撰稿人做到了以上这些，才能真正成为"巨人之路"的"智囊团"。

第二节："巨人之路"能为"智囊团"做嫁衣裳

有行内人士提出自己的撰稿人身份有"五囧"：一"囧"，没有合法身份，采访的难度可想而知；二"囧"，不管遇到什么样的好题材，一切采访经费都得从自己腰包里掏；三"囧"，刊物上市的周期越来越短，支付稿费的周期却越来越长；四"囧"，文摘类报刊装"孙子"，转载完文章不寄报刊、不付稿费；五"囧"，小报小刊不守规矩，到处偷稿子充门面，一旦作者发现，"编辑老爷"就跟你胡搅蛮缠。

辰麦通太刚好有效地解决了撰稿人这系列"囧"之烦恼。对应上面之"囧"，其一，给予撰稿人辰麦通太特约撰稿人的身份，努力为撰稿人搭建其与标的企业的沟通桥梁，为撰稿人的采访提供便利；其二，一般地，采访题材根据标的企业的意思和辰麦通太策划而定，撰稿人不需要为采访题材而烦恼。而"巨人之路"的采访一般是在线上完成，受访人可以在微信、QQ等网络工具上接受视频、音频采访，很大程度地节约了采访成本。如果需要当面采访，辰麦通太也会从中协商，尽量不需要撰稿人自掏腰包；其三，辰麦通太与撰稿人签订了撰稿协议，里面详细写明了稿酬标准及支付时间，若不定期支付则视为违约，而辰麦通太从不拿公司信誉开玩笑；其四，辰麦通太承诺了书刊一出则寄样稿，当然作品另作他用已是辰麦通太的自主权，撰稿人不得要求另外支付稿费，这也是对"职务写作"撰稿人的一般要求；其五，小报小刊若是"偷到"辰麦通太头上，就等着吃官司吧。

总之一句话，辰麦通太会尽力为撰稿人完成撰稿任务提供力所能及的服务，并最大限度地保障撰稿人应得的权益，同时也会保护好撰稿人"卖"给辰麦通太的文字。

事实上，辰麦通太将签约撰稿人当成了公司员工的一份子，除了撰稿人的工作时间和地点不同之外，其他的可以享受与公司职员同等的知情权、培训、共享企业文化等福利。

合理的稿酬确保撰稿人的稳定收入

2016年1月9日，北京辰麦通太图书有限公司在北京市房山区长阳镇启航国际举行"《巨人之路》首届编撰峰会暨首批特聘撰稿人"签约仪式。正式聘请了周海亮、刘海峰、陈志宏、史修辉、李凌非、黄小邪、潘霞、陈慧英、辛晓阳、李妍等十位作家加入北京辰麦通太图书有限公司。2016年5月，第二批特约撰稿人顾长虹等也陆续签约，与"巨人之路"达成了合作。

对于已经签约确定的撰稿人，辰麦通太非常尊重这一群体，并甘为裁缝，利用自己已有的资源，为撰稿人裁剪制作美丽的嫁衣裳。

当下，不少撰稿人最大的烦恼就是经济来源不稳定，生活窘迫。一是因为没有固定"业务"可做，生活来源缺乏保障。很多自由撰稿人都是凭借个人意图，随意撰写文章投稿给报刊杂志，以此换取微薄的收入。如果没写出个名堂来或与媒体有良好的关系，大多稿件如"泥牛入海"毫无消息，更别提拿稿费过生活了。而"巨人之路"通过签约给了撰稿人一个相对固定的"饭碗"，成为签约作者后，撰稿人便有"工作"可做，有活干就有酬劳。只要撰稿人勤快写，写出符合项目需要的文稿，便能够拿到预定的稿酬以保障生活支出，摘掉"穷书生"帽子。二是稿酬标准偏低以及不够规范化造成自由撰稿人生活窘迫。印象里，魏雅华2011年在《中国青年报》发表了《低稿费几乎消灭了自由撰稿人行业》一文，指出1980年，大多数报刊所执行的稿费标准是每千字10元。可30年后的2011年，许多报刊所执行的还是1990年国家版权局的出台的稿酬标准，仅为每千字30～50元。魏雅华由此痛斥中国稿酬标准居然30年未变，这真是个奇迹。而低稿费制度几乎消灭了自由撰稿人这个重要的行业。到2011年，据行业内的统计，中国靠稿酬生存的自由撰稿人已不足千人。

文中的观点是很普遍的。文学界不少人发出类似"物价不断增长而稿酬标准已多年未变，作家依靠创作纯文学谋生日益艰难，这些因素加剧了文学生态的恶化"的感慨。在诸多撰稿人的呐喊和争取下，《使用文字作品支付报酬办法》终于在2014年11月1日起施行，规定将原创作品的基本稿酬提高到每千字80-300元，版税率提高到3%-10%；相应的改编、汇编、翻译等演绎作品的稿酬与版税率都有所提升。虽然提的标准仍然不高，但也无疑给广大撰稿人带来了希望。考虑到撰稿人的付出，辰麦通太意识到只有撰稿人干得开心才能写出高质量文稿，因而在稿酬方面选取了比较"宽厚"的处理方式，最大限度地结合市场行情，争取制定能让撰稿人满意的稿酬标准，好让撰稿人无后顾之忧地写稿，甚至能在写稿中"暴富"。

"同理心"企业领导人甘为裁缝做嫁衣

"巨人之路"总策划伍英本身就是个作家，也是个爱好文字、写文章出身的人。因此，她特别能站在撰稿人的角度去理解这个群体，并尽己所能地为这个群体提供平台。

具体负责撰稿人相关事宜的艺术总监李朴，专注文学十几年的他，最初也是出自于对文学的一片热爱，而在文学界里摸爬打滚并取得建树的。这一路走来，他有着太多的体会和心得，对撰稿人有着特殊的感情，改变当今撰稿人的身份地位以及现状是他努力的目标，他想通过一系列的争取，推动撰稿人有关条例法规化，以最大限度地保障撰稿人的合法权益。

具有"同理心"的"巨人之路"的管理层，一心要为撰稿人做好"嫁衣"，对撰稿人有系列规范的培养计划，着力将签约撰稿人培养得更加优秀，以承担起公司更大的重任，实现个人价值与社会价值的统一。

首先，善于挖掘撰稿人的专长。所谓"术业有专攻"，他们要求撰稿人进行自我挖掘和定位，不要看别人写什么，自己就写什么，而是要分

析一下自己的长处，看看自己会什么，能写什么。比如关于电脑文章的写作，就有很多内容可以写，如软件应用、硬件介绍、网络知识、网页制作、游戏攻略等等。但是这些方面不一定都是某个撰稿人的强项。撰稿人只需要清楚自己擅长并感兴趣的是哪一部分的内容，并努力深研之，成为这一方面的高手就可以了。比如"巨人之路"接到了一个电商行业的单，文稿对电商知识要求比较高，就会尽量考虑让主修电商专业的撰稿人进行撰写；若是接到为某个城市订制"名片"，为该城市写旅游传记，则尽量发挥旅游专业撰稿人的特长，对该专业撰稿人给予适当倾斜。

其次，实行层次分明的梯度管理。根据撰稿人对策划书的竞领情况以及撰写的文稿质量情况，对撰稿人进行分层管理。分别评定初级撰稿人、中级撰稿人、高级撰稿人、特级撰稿人，并且根据级别设定稿酬标准，稿酬标准依次由低到高排列。同时，越是高级的撰稿人，越有选择撰写内容的权利。比如当"巨人之路"成功签下一个目标人之后，高级撰稿人不需要通过策划书"竞领"环节，而可以直走"绿色通道"，根据自己是否对该选题感兴趣而进行优先选择。辰麦通太就是想实行这样的良性激励机制，通过"按劳分配"实现"优胜劣汰"，激励撰稿人不断提升自己，也以此保证书稿的质量。

最后，努力打造撰稿人个人品牌。辰麦通太利用公司固有资源多渠道宣传撰稿人，努力为撰稿人打造个人品牌，大力提高撰稿人的含金量，将撰稿人"包装"、"输送"出去。"巨人之路"的总策划伍英认为，"酒香也怕巷子深"，撰稿人也需要一个推广自己的平台。因此，公司将对撰稿人的品牌打造当做"巨人之路"项目中的一个重要环节。辰麦通太计划随着与撰稿人合作的深入，将会制作撰稿人专人网站，在网站上展示撰稿人风采以及已完成的作品、取得的荣誉等等，通过广泛的宣传和推广，提高撰稿人的名气，使之建立起个人品牌。有了个人品牌的撰稿人则可以发表署名作品，并能借助个人获得超额利益——比如表现在企业家通过网站的了解或者被撰稿人的名气所吸引，可以邀请撰稿人参加付费的文化活动，或邀请撰稿人为出版物的挂名主编并付费，或直接找撰稿人签约商定撰稿事务，而辰麦通太在此过程只发挥一个桥梁纽带的作用。

第三节：家一般的温暖

"巨人之路"于很多撰稿人而言，是一个安放灵魂的归宿，它关心着每一个撰稿人的成长，给每一个撰稿人展现自我实现价值的机会，更搭建了撰稿人之间互帮互助、沟通促进的良好平台。它能给撰稿人家一般的温暖，是他们的心灵港湾。

"巨人之路"的多样培训

在对撰稿人的培训上，"巨人之路"是舍得"下血本"的。万丈高楼平地起，打牢基础是根本。学习知识终究是为了给后面的路做准备，没有牢固的基础是走不远的。"巨人之路"的领导者对撰稿人制定了一系列培养计划，在对撰稿人的培养上很是下了一番苦心。

采访技能培训、小说写作培训、人物传记培训、企业管理培训、信息写作培训、企业新闻培训、软件写作培训等等，辰麦通太将这块工作作为公司很重要的一部分来经营。撰稿人时间充足，就组织撰稿人到公司去参加统一的会议培训，请来专业的教授、知名撰稿人来授课；有些撰稿人受于时间地域的限制不能参加时，辰麦通太便启动线上培训模式，组建撰稿人交流群，在交流群里共享培训课程，让撰稿人根据自己的时间自由下载课程学习。

这些培训方式得到了撰稿人一致的认可和赞扬。有的撰稿人特别感动地说："参加撰稿工作这么久，这是我第一次参加这么系统全面的撰稿人培训活动。在这个过程中，我真的学到了很多，'内功'、'外功'都大有长进。"也有的撰稿人动情地说:"辰麦通太是完全不把我们当外人啊,就因为和我们签了撰稿协议,便把我们当做长期的合作对象来培养,我看到了公司的满满诚意。""平时写作我都是凭感觉走的,对撰稿没有这么系统的认知,很多基础知识我是参加这些培训活动后才知道的!真幸运,能够加入'巨人之路'的撰稿团队,我的收获远不止于拿到了稿费这么简单!"

组织的培训活动得到这么高的评价,一来是让撰稿人看到了辰麦通太公司对自己的重视,对自己是有一种长期的发展合作战略的,而不是"一次性"用人。光这个诚意,就安慰了撰稿人的心。不少撰稿人当下的难处就在于没有稳定的工作,担心经济来源"朝不保夕",而对撰稿人的重视和培养,至少让其看到了辰麦通太的长期合作诚意,打消了其顾虑和担忧。学习"充电"的机会并非每个公司都能提供。不少公司缺乏战略目光,看重的只是撰稿人能够为他创造多少价值,能创造价值的就留下,不能创造价值的马上走人,而不会像辰麦通太这么有人情味,愿意给撰稿人成长的机会和平台,让优秀的撰稿人更加优秀,让存在某些不足的撰稿人正视自己、修正自己。很多撰稿人表示:自己在"充电"的过程中确实获益匪浅,感觉受到了"强大的撞击",授课老师的理论简直让我有"醍醐灌顶"之感!对于许多年轻而富有潜力的撰稿人,这些培训更是推动他迈上一大台阶的基石。

就拿笔者来说,作为一名撰稿人,虽然也撰写出版过一些图书,但我对企业新闻写作却是接触得有限,在这方面略显缺陷,对此总有点"知识恐慌感"。但参加了培训之后,通过专业老师对最新、最典型的案例分析及各位网友的经验交流,我认识到了什么是企业新闻,企业新闻的主要体裁,企业新闻中消息的写作方法、注意事项,如何讲好"人和事"的故事等等,学会了避免新闻写作中原有存在的误区和常犯的错误,为今后写好一篇企业新闻打实了基础。所以,不少撰稿人发自内心地感激"巨人之路"将把它的撰稿人培养成"全才"、"通才"作为目的。

除了组织各式各样的培训,"巨人之路"还热衷于为撰稿人提供交流互动平台。比如组织全国撰稿人交流会;或受于地域限制,组织同省(或同城)撰稿交流会,让撰稿人能够有机会见面并进行撰稿问题的交流探讨,相互促进,共同进步。"因为我们有着共同的兴趣爱好,有着共同的码字命运,所以特别能够融合在一起。哪怕是只见过一次面,心里也不会有陌生感或者隔阂。"一名撰稿人说道。

以文会友,是当下许多撰稿人的交友状态。撰稿人为了完成撰稿任务,常常是闭门不出,遇上急稿的时候,更是断绝一切社会活动。换言之,撰稿人都是把与别人喝茶聊天的时间用在了写作上,稀少的社会活动自然缩小了交友圈,加上文人骨子里的某种气质与周边人有些不相容,因而在生活环境里交到比较要好的朋友的几率比一般人要小。但是他们又常常活跃于网络上,喜欢看文章的他们偶尔看到某篇触动心灵的文章时,也是欣喜若狂的,这个时候他们会积极点赞、热情评论,只因为此文勾起了他的情感共鸣。在一来二去的品文论文之中,双方完成了一番探讨切磋,各有所得。有些甚至如俞伯牙和钟子期一样,感觉遇到了知音,对彼此敞开心扉情真意切。"巨人之路"是懂撰稿人的这个情结的,因而积极组织线上线下交流活动,给撰稿人一个以文会友的平台,同时实现了资源共享,让撰稿人在相互切磋探讨中不断进步,最终实现共赢。

"在'巨人之路'这个平台里,我认识了一群志同道合的朋友,很荣幸能够与他们相识,很幸运辰麦通太公司处处为我们着想,感谢王董、伍总、李总对我们撰稿人的关照和厚爱。不夸张地说,我在'巨人之路'这里找到了归宿感,因为这里的小伙伴们就像我的家人般待我,这个平台有着家一般的温馨!"撰稿人潘老师诚挚地说。"所谓筑巢引凤,这个家的平台我搭好了,就等着你们还有更多的撰稿人来呢!"伍总回道。

第四节：撰稿人心得：被"巨人之路"逼出来的成长

没有人从一开始就是一个"规矩人"。因为我们的身体里，原本都有着"懒"细胞作怪。于我，这种现象更为明显。我的懒细胞常常到处肆虐游动、繁衍，于是到了起床的时间，我会按掉闹钟再多睡五分钟；于是在大脑传来信号"要尿尿了"我还是会让膀胱再多受几分钟罪；于是我常常给自己各种理由如"今天心情比较好，不做饭了到外头吃吧"……

有这么一句话：如果不逼自己一把，你永远不知道自己有多优秀。重点是，我常常不愿意去逼自己啊！对，在没有什么"铁律"约束的前提下，谁会无故跟自己过不去呢？舒服点过不好吗？于是，懒细胞繁衍出了它的亿万子孙，销蚀着我的斗志。嗯，我成为一个别人无法叫醒的装睡的人……

没成为"巨人之路"的撰稿人时，我都在做些什么呢？

工作日时，除了八小时的上班时间外，我要么是四处约朋友吃饭逛街看电影，要么就是回到住所吃过晚饭后躺在床上或刷朋友圈或望着天花板发呆，要么就是打开电脑看些没啥营养的电视剧来打发时间。周末放假时，常常是早上七八点的时候随上班时候的生物钟醒来，而后伸伸懒腰，闭上眼睛继续睡，再睁开眼睛时已是 11 点多，于是起来随便敲个鸡蛋便将早餐和午餐一起解决了。之后就是随便逛逛淘宝煲煲影视及各种无聊逛网，正应着那句"每天挂着QQ，刷着微博，逛着淘宝，干着我 80 岁都能做的事情……你要青春有毛钱用"，一天就这么没任何含金量地过去了。

"巨人之路"的出现改变了我这种现状。首先，它让我记起我曾是个热爱文字的热血青年。

很荣幸地，凭着在"小城书房"公众号发过的几篇文章，引起了作

家潘霞对我的关注。之后在"巨人之路"招兵买马之时推荐了我。凭着曾参与编辑出版过几本书目以及还算扎实的文字基础，我得以正式成为了"巨人之路"的撰稿人。至此，我的生活开始了翻天覆地的变化，但是其实我好想发自内心地说：这样的变化我好喜欢。

被逼着学习

得知自己之后的工作将是要给一些企业家撰写人物传记并顺带为公司产品做推广时，我感到了前所未有的压力。为啥？因为之前我对营销和管理类的东西关注得不多啊！这下完了，感觉知识"库存"不够啊！这如何开展工作呢？于是，缺什么补什么，我买了六本相关书目摆在案头，逼自己有空没空都要挤时间来阅读。终于在一个月后，将相关书目都看了一遍。果真是"涨姿势"了，具体体现在能够愉快地与一位名校营销专业硕士生交流专业性很强的问题，令对方大吃一惊。当然，为了补上知识硬伤，全力为开展工作做准备，我还逼迫自己从单位的图书馆借来好几本知名企业家的传记来拜读，参考别人家的写稿方式和技巧，填满自己的"空白页"。

被逼着思考

因为懒，所以也不怎么爱思考。常常地，或许我们都有这么一个共同点：对涉己性不强的东西少予关注。更甚者，对涉己性的东西也习以为常，不以为意。所以，我们总是乏于思考，惰于动脑。因为日常上班都是做些常规性的工作，我渐渐疏于思考，没让大脑干该干的事。直到接到了"巨人之路"的撰稿任务后，一下子懵了。策划？构思？天，这是要死多少脑细胞的差事啊！李朴老师让我们先出一份策划书和一篇样文参加竞标。这下我可愁了，脑子一片空白。于是我在网络上搜索了有关目标人的资料，先对目标人有个宏观的认识。接下来，开始在笔记本上边想边记，有时感觉脑袋就是一堆浆糊，什么都想不出来，往常这个时候，我早就摔笔而去了。但这次想着任务在身，不得不沉下心来找窍门、破瓶颈。经过了几天的苦思冥想和信息整合后，终于完成了初始策划书。拿到智慧的火花碰撞后带来的成果，瞬时感觉，其实思考是个美差事嘛！

被逼着突破自我

"巨人之路"对撰稿人的两个"硬杠杠"要求是：保质、保速。简单来说就是"又快又好"。领下撰稿任务后，我的心里始终紧绷着一根弦。因为承诺过在限定时间保质保量完成任务，在紧凑的时间面前，实在是"亚历山大"啊！于是，我那看天花板发呆的闲情是完全消失得无影无踪了。满脑子想的都是码字的事，有时间只做码字的事。这不，我原来的煲剧习惯也改了，放假时间的各种"颓"也被码字压力甩一边了，偶尔放松一下也是与文友交流稿子写到哪儿了，该如何继续下一步。骤然成了个阳光向上仿佛打了鸡血般的奋斗青年！一个月下来，我发现自己的撰稿速度快得吓人，写文章竟没有了思路被半途打断的烦恼，一沾键盘就有东西冒上脑尖。自己的文字表达能力也大有提高，写出来的文字几乎不用回头修改都表达得很流畅了。我还在写稿的过程中，更加深入了解了标的行业的相关知识，从中获益匪浅。

被逼着改变生活习惯

因为我是个懒青年，所以正如前文所述，我将青春埋在了被窝里，生活习惯很坏如不吃早餐不运动等。参加撰稿工作后，迫于要完成的写稿量，我必须每天按时早起写稿，并开始有规律地规划自己的工作、作息、消遣时间。因为整日写稿，担心自己的眼睛会受损什么的，我学会了做眼保健操，坚持定时给眼睛保健，这在之前可是从没有过的事哦；因为坐久了腰不舒服，我还专门买了瑜伽垫，通过视频教学学会了练瑜伽，码字觉得疲惫了时就在瑜伽垫上做室内运动，力求放松身体，如此每天的运动量比之前多了两倍，气色也比之前大有好转。

正如那句话所说："如果不逼自己一把，你永远不知道自己有多优秀。"加入"巨人之路"后，我的拖延症和懒毛病不治而愈。现在的我，既告别了之前的各种颓废状态和不良生活习惯；又大大拓宽了自己的视野和眼界，并迅速提高了自己的撰稿能力，离文字梦越来越近。感谢"巨人之路"，让我成为一个积极阳光、步伐坚定的逐梦人。

第五节：撰稿人寄语："巨人之路"让我相信了文字的力量

我一直感觉文字是种奇妙的东西。看散文集《雅舍小品》，你会被梁实秋那种一本正经坐怀不乱的幽默搞得忍俊不禁；看金庸的《袁崇焕评传》，看到袁督师的"心苦后人知"的诗句，你会为壮士悲歌英雄寂寞而热泪盈眶；看余秋雨的《千年一叹》，你会因被余秋雨带到不同的国家去体验奇特的异域风情、体会精彩的文化感悟而兴奋不已；看琼瑶的小说，你会感情爆发涕泗滂沱；看到报纸上写的坏人作恶的报道，你会气得当场把桌子拍坏……

文字就是这样，可以让一个人忽而咯咯咯地笑、忽而呜呜呜地哭、忽而兴奋得手舞足蹈、忽而气愤得暴跳如雷，它能够将有变成没有，能将没有变成有，能够牵动你的心，影响着你的情绪，让你为之沉醉为之着迷。

作为一名爱好写字的撰稿人，我很欣喜自己具有这种驾驭文字的能

力。

我有能力将自己想表达的用文字诉说出来，我甚至还能用自己的文字帮助别人诉说一个精彩的故事，而后看着它在市场上、在别人的心里绽出美丽的花朵。那个时候，我便看到了自己的价值，看到了自己的文字所能释放的能量。

选择了"巨人之路"，其实是我给自己的文字找了个极好的归宿。我的文字，具有改变我的生活的力量。

首先，"巨人之路"让我脱离了"穷书生"的称号。我本是个爱好写作的人，从学生时代开始，便埋头写啊写，但是我的付出与回报不成正比。稿酬低，是中国当下的"通病"，也是不少撰稿人的痛处。家里人几度劝告：咱别写了，正儿八经地找个正式的活，有点稳定收入养活自己吧。可是，我就不能凭借自己的兴趣爱好赚钱吗？这才是人生的理想状态啊。我想要坚持自己的梦想和目标，"一条路走到黑"，但是我又不想为了写字三餐不果腹，只能眼巴巴地声声叹"我的生活质量太低太低"，面对朋友的屡次邀约只能两眼黯淡地拒绝再拒绝，因为怕自己没钱回请得了。

但是"巨人之路"这个平台，给了我做个优雅文友的机会。作为撰稿人，哪怕你再有名气，也需要有频繁的约稿和稳定的合作关系，才能有稳定的收入和体面的生活。所以当"巨人之路"找上我当撰稿人，并告诉我只要我能写，能快写，愿意接单就可以经常有稿子写，自然，稿费也就不愁了。与"巨人之路"签约后，我每天都有了固定的撰稿量，而我也看到了完成这些任务后背后可观的稿酬。我的文字终于不再穷酸，它实现了帮我改变生活的价值。有了稿费，我就可以隔三差五约下朋友吃个西餐喝个早茶，周末可以到星巴克喝个咖啡，确保每个月至少看两场3D电影，有空还可以开车四处兜风甚至任性地来一次远途旅行。这滋味！这酸爽！这是我的文字与"巨人之路"的联结创造出来的！可观的稿酬收入维持了我的小资情调，让我脱离了"工资低养家糊口难"的漩

涡。

　　而文字，迸发的精神力量更加不容小觑。很早之前看过这样一句话：好的文字是一粒可以永世的种子，它会开花它会结果。这样的种子汇集，它就会成为人类精神上的天下粮仓。是的，文字就是有这么强的感染力。它能够激发人内心深处的"梗"，引起情感的共鸣、人性的相通，从而创造出一个个动人的故事。接下"巨人之路"的项目后，我有机会采访了某个企业家，并为他写传记。在与他的互动过程中，我感受到了一个企业帝国诞生的不易，更为这个坚强、百折不挠的企业家的人格魅力深深折服。在回头整理资料，一字一句地将这位企业家的故事记下来的时候，我不知道是为企业家的事迹感动，还是被自己文字的渲染力所触动，从心底里升腾出一股难言的激动，在电脑前码字的时候，边写字边泪流满面。我想，应该是该企业家的事迹确实感人，而再加上文字的渲染后，营造的这种氛围就越来越强了。这就是文字特有的震慑力。

在这个过程中，我也感觉自己的灵魂越来越强大。或许是因为接触的那些优秀的人，每一个有突出成绩的人背后都会有一段与众不同的激励人心的经历。在我把这些故事挖掘出来的时候，我被这样的人格魅力所折服，同时也深受影响，知道需要具备什么素质才能成为这样一个了不起的人物。也或许是因为，通过文字的渲染，这种故事的煽动性被强化，不断地被我的记忆吸收并加以美饰，使我轻易地为之动容。这就是文字的精神力量，它能够塑造出人们瞻仰的英雄。

"巨人之路"这个平台，给了我的文字很好的栖息地，让我在满足了自己的物质需求的同时，精神需求也得到了满足和升华，真是两全其美。当我的同龄人还为买房买车发愁的时候，当我的一些年长的同事还在抱怨低微的工资养不起一家老小的时候，我感到骄傲和自豪。因为我有"巨人之路"这个平台，我能够让自己的文字变成人民币，给自己更好更小资的生活；当我的小伙伴们屡屡展现出颓靡的精神状态，感觉百无聊赖的时候，我为自己可以不断地撰稿，不断地为了写好一本企业传记而不停充电学习，因而得到了知识上的充实、视野上的开拓、精神上的知足。尤其是看到自己的文字变成了铅字印在了图书上被大量读者阅读的时候，那一刻的喜悦，那一刻内心涌起的成就感是无以言表的。

撰稿人的天空也可以很开阔、很美丽。"巨人之路"的撰稿人更是前途一片光明，因为"生产"出来的每一个字都能实现它的价值。

第十章
如何写出好故事

第一节：处理好与企业家的关系

吉米·道南和约翰·麦克斯韦尔合著的《成功的策略》，花了超过20年的时间观察成功人士，导出了这样一个公式：个人成功=15%的专业技能+85%的人际关系和处世技巧。毫无疑问，这个公式充分证明了人际关系的重要性，表达了无论从事什么职业，如若有良好的人际关系和正确的处世技巧，将有助于个人在事业上的成功。

事实上，现在许多社会工作任务，越来越不能靠单个人单枪匹马来完成，而是要通过众多人的共同协作来完成，良好的人际关系能够促进人们共同协作，为完成特定的任务而共同奋斗。对于撰稿人而言，要顺利完成一本书稿，就要力争得到企业家的认可和支持，才能获取有效信息顺利推进工作。因此，撰稿人要善于处理好与企业家的关系，与企业家进行有效沟通，形成良好的互动，建立良性合作关系。

笔者曾无意中看到一篇文章，内容核心是：喜欢一个人，始于颜值，陷于才华，忠于人品。而在笔者看来，这几乎就是与企业家打交道的三步曲啊！要想让企业家愿意、喜欢和你沟通，撰稿人就应该要颜值有颜值、要才华有才华、要人品有人品。

展现良好的个人形象是"敲门砖"

这是个看脸的时代，人们动不动就把"颜值""颜值"挂在嘴边。事实上，一张好看的脸，确实能带给人赏心悦目的感受，谁不想看到美的事物有个美的心情呢？当然，脸是父母给的，我们不好强求，这里所强

调的是个人仪表问题。"三分靠长相，七分靠打扮"，个人的形象是可以靠后天的妆扮改变的。

有一次林肯总统面试一位新进的人员，后来，他并没有录取那位应征者，幕僚问他原因，他竟然说："我不喜欢他的长相！"幕僚非常不服，问道："难道一个人天生长得不好看，也是他的错吗？"林肯回答："一个人四十岁以前的脸是父母决定的，但四十岁以后的脸却是自己决定的，一个人要为自己四十岁以后的长相负责任。"

林肯的方式虽然"简单粗暴"，但现实就是这样，仪表是你向别人递出的第一张名片，有深度的企业家在乎你的个人形象不仅是只看重你的颜值，而是也能从个人形象看出你的工作态度和生活态度。一个不修边幅、邋里邋遢的人不仅不能给人美的享受，还让人看出了他对自己、对生活的不负责以及对交往对象的不尊重。说白了，展现良好的个人形象是一种礼貌，也是一种修养。撰稿人注重"拾掇"自己，不仅可以为自己加分，达到"讨好"企业家的目的；其实也体现了自己对工作的认真负责，因为"正式"的装扮比较容易让人感觉你的态度之认真。而这刚好形成一种氛围带动，使企业家重视你的采访和稿件撰写，因而全力配合，促进工作的开展。

所以，撰稿人应该注重个人形象。在当面采访或视频采访时，应该在穿着上多花心思，穿衣应该整洁大方、稳重得体，尽量将自己的文化气质展现出来。女撰稿人在见采访对象之前，哪怕是长得天生丽质，也可以来个锦上添花，稍微化点淡妆，以最好的精神状态出现在企业家眼前。如果是音频采访，撰稿人应该保持良好的精神状态，使发出的声音清亮饱满，能让人感受到撰稿人的生机与活力，给人亢奋的力量，而不是语气充满疲倦，让人听了昏昏欲睡。

高水平的专业技能让企业心服口服

微博上特别流行一句话："脸决定了我们会不会在第一眼就喜欢上这个人，而内涵决定了我们会不会一票否决他的脸。"世界上不乏一些势利之人，只对有权有钱有地位的人眉开眼笑，对普通不起眼的路人甲则是横眉冷对。但同时社会上还有一个普遍现象，那就是对专业人才、知识分子的普遍敬重。一个人可以没有名，没有显赫的身份地位，但绝不能一无所长。因为这样的人总因为太过于普通而无法引起关注。作为一名撰稿人，要真正赢得标的企业的重视和敬佩，要与企业家站在同一层台阶说话，就要拿出自己的本事来，用专业水平来赢取尊重。

撰稿人以撰稿为生，就应该修好"内功"，在与目标企业交涉的过程中，体现出自己的专业水平，让对方信服。因为没有人愿意和一个"菜鸟"有过多的交集。有些撰稿人没有掌握采访技巧，提问企业家时问的都是一些特别白痴（随便查资料都能知道的）、又体现不出特殊性的问题，或者在写稿时才发现所问的问题其实毫无价值，根本用不上。如此无疑会引起企业家的反感。殊不知，对很多企业家而言，时间就是金钱，你问一些没有价值含量的问题就是在糟蹋他的金钱啊！如此，他自然会失去与你谈话的兴趣，显得不耐烦起来。

有的撰稿人的撰稿水平不过硬，胡乱拼凑乱写一通，毫无逻辑性，又表达不出企业家想要的宣传效果，拿出的文稿让人看不出半点"大咖"水平，难免让企业家心生鄙夷，故此造成沟通阻塞。

所以，撰稿人一定要有真本事，要提高个人专业技能，而不要等到企业家"泼冷水"才来抱怨学不足以用。

良好的从业品质能开辟"绿色通道"

有人说："道德可以弥补智慧上的缺陷，但智慧永远弥补不了道德上的缺陷。人的两种力量最有魅力，一种是人格的力量，一种是思想的力量。"这话不无道理。良好的个人形象让我们成功地敲开了企业家的大门，但个人的从业品质决定了我们能够打开企业家的心扉。只有从业品质过关，才能让企业家相信我们，并与我们建立良好而长久的合作关系。

首先，撰稿人要有服务意识。大部分人撰稿人与企业家沟通时的障碍一般都来自动机和思考的角度不同。如果撰稿人能够本着服务企业家的意识，进行心理换位思考，设身处地从企业家的价值观、处境、职责、压力、背景、经历、个性等各方面来考虑问题，很多沟通障碍都会迎刃而解。

2009年2月，可口可乐24亿美元并购汇源果汁的交易快要宣布时，在这敏感时期，汇源果汁董事长朱新礼拒绝了各种采访请求。当时商务部有关人士表示这个并购案要考虑民意因素。因为并购刚宣布时，朱新礼说过"企业要当儿子养、当猪卖"，结果9成网民都反对他。一记者看了这个新闻给他发了个短信，说：朱总，你之前一直说这个交易很好，我们也觉得好，也希望商务部能批准，但是现在看来有变数，如果你再不出来说说，化解一些民意干扰，这个并购恐怕就不好说了。结果没两天，并购案被否决前后一年中，朱新礼唯一一次接受的采访就达成了。

服务是一种职业道德的体现，是从事某一职业所表现出来的敬业精神。在具体采编工作中，服务更多的外在表现是一种不折不扣的有效的执行行为，是从内心对任务的认同和对本职工作的投入。撰稿人就应该设身处地为企业家着想，从他的角度出发去寻找沟通的突破口，进而知道他需要表达什么，想宣传什么，将服务工作做到位。

其次，态度要真诚。"真者，精诚之至也，不精不诚，不能动人"。至诚的效用广大无边，以诚学习则无事不克，以诚立业则无业不兴。只有真诚相待，才有走心之交。我国著名的翻译家傅雷先生说："我一生做事，总是第一坦白，第二坦白，第三还是坦白。绕圈子，躲躲闪闪，反易叫人疑心；你要手段，倒不如光明正大，实话实说，只要态度诚恳、谦卑、恭敬，无论如何人家不会对你怎么的。"以诚待人，可以架起与对方的心灵之桥，通过这座桥，打开对方心灵的大门，并在此基础上并肩携手，合作共事。

有一个英国作家，名叫哈尔顿，他为编写一本《英国科学家的性格和修养》的书，采访了达尔文。达尔文的坦率是尽人皆知的，为此，哈尔顿不客气地直接问达尔文："您的主要缺点是什么？"达尔文答："不懂数学和新的语言，缺乏观察力，不善于合乎逻辑地思维。"哈尔顿又问："您的治学态度是什么？"达尔文又答："很用功，但没有掌握学习方法。"哈尔顿的坦率与真诚瞬间打动了达尔文，为两人之后的沟通协作增加了"润滑剂"。

但凡能够独当一面，闯出一番天地的企业家，看人的眼光都不会太差，在他们面前虚伪作假无异于跳梁小丑。何况，企业家选择了我们撰稿人为其撰写传记，代表了对我们的信任和支持，我们自然也该对得起这份信赖，拿出真诚来，一是一、二是二，诚实以待，甚至也不怕把自己的某些小缺点毫不掩饰地"袒露"出来，这样非但不会给个人形象打了折扣，相反还会因为坦率真诚而叩开企业家的心扉。

再次，要保持友好的态度。在与企业家打交道的过程中，可能也会发生一些因文化差异、沟通失误问题等等而产生的一些矛盾或不愉快。对此，撰稿人一定要控制好自己的情绪，禁止出现一些激进言论，甚至当场发脾气之类的。因为一时的情绪发泄解决不了任何问题，而且还会把目标人"得罪"了，给"巨人之路"项目的推进带来阻力，对撰稿人个人口碑更是会带来一些负面影响。因此，撰稿人应该对事不对人，记着出发点是以解决问题为目的，在这过程中要保持友好态度。确实遇到难题可以请求辰麦通太图书有限公司的帮助，由公司出面调解协商。

撰稿人只有提高了个人的从业素质，才能让企业家心生敬意，才能赢得尊重和信赖，企业家也才愿意和你交朋友，进而促进双方的沟通交流，为顺利合作奠定基础。

第二节：灵活多变的采访方式

采访是一门特别讲究水平的事情。它要求采访人要有良好的沟通能力、强大的思维逻辑、迅速的反应能力以及捕捉信息的高超技巧等。对于许多没有专门学过采访课程的撰稿人而言，需要在平时多积累多"充电"，把这门课学好。

"巨人之路"的采访是比较灵活的，形式多样，主要根据目标人的具体要求而定。目前一般分为实地采访、视频采访和音频采访三种。实地采访就是到目标人那里去进行采访活动，与目标人进行面对面的沟通交流以获取撰写文稿的素材。视频、音频采访则是充分利用现代信息技术，通过 QQ、微信、YY 等网络交通工具而完成采访。实地采访是很多媒体最常用的采访方式，也是"巨人之路"文化项目所倡导的一种方式，因为面对面的交流有利于增强撰稿人和目标人的沟通联系，也能够保证采访的连贯性。但由于"巨人之路"的撰稿人和目标人都遍布全国各地，撰稿人和目标人经常不在同一个城市甚至可能分别位于祖国的北端和南端，采访成本之高为实地采访带来了不小阻力。此外，大多数目标人都非常忙碌，可能安排不了固定的时间接受采访，这个时候充分利用网络信息技术就显得很有必要。视频、音频采访较于面对面采访，打破了空间的限制，只要能上网，就可以进行采访，可谓方便便捷。其中，微信语音采访更受目标人和撰稿人的青睐。对于目标人而言，因为时间比较紧张，没办法抽出固定时间接受采访，则可以通过与撰稿人的沟通衔接，利用碎片化的时间进行微信留言讲述自身故事，哪怕在候机室，参加会议的路上等等都不会妨碍他接受采访。对撰稿人而言，听微信语音获取信息可比反复翻听录音笔省工夫多了，因为微信的语音回答都是一小段为主，撰稿人想"复习"某个信息只要翻开聊天记录查询试听几十秒或至多几分钟即可。

而不论哪一种方式的采访，都要求撰稿人学会以下采访技巧。

必要的事前准备

采访也好比一场战役，或者说是与目标人之间的柔性"较量"。俗话说，不打无准备的仗。因此，撰稿人需要做好"预习"功课。

首先，熟悉材料确定采访提纲。"知己知彼，才能百战不殆"。对被采访人及其背景有了基本了解，才能心里有底，开展有含金量的采访。比如我们要写的是人物传记，那么我们的采访对象一般都是这个人本身。

因此我们可以先对这个人进行一个全面调查，比如有着什么样的突出经历、读过什么样的学校、有着怎样的性格、办事风格是什么，他所在的行业背景（行业的发展程度），这个行业目前发展的态势，所面临的机遇和挑战等等。另外，我们还要恶补相关的理论知识（专业名词）。每个行业为了方便交流，都会有一些特属的专业名词，撰稿人若是接触一个陌生行业的人物，如果事先没有对基础理论进行"预习"，难免会出现很多知识盲点，在采访时就会显得很外行，造成沟通上的困难。比如电子商务行业的大咖常会提到"B2B、B2C、C2C、O2O"，如果我们没有事先了解，就会在听到这些词汇时一脸茫然，而无法与被采访人形成良好的互动。这样采访效果就大打折扣了。

　　有了全面的背景知识后，就要结合自己想要知道、了解的东西设置采访提纲。采访提纲是记者逻辑思维和思考问题层次的体现，一个好的采访提纲，能够帮助记者坚定信心、临阵不乱、掌握采访的主动权，使采访得到完善的结果。一份好的人物采访提纲，至少应该包含采访对象、采访目的、采访时间、背景资料、注意事项、问题设计、采访方式、采访内容、采访准备这九个方面的内容。在采访开始之前，撰稿人已经完成了一份全面的策划书，里面基本上搭建了自己整本书的"架构"，即写什么、如何写。如此，撰稿人可以紧紧围绕自己的"架构"，明确哪些材料要深挖？哪些细节要多问？哪些数字要核实？哪些观点要反复问证？哪些词汇可以用内行话来表达？如此灵活设置出能获取有效信息的采访提纲。需要注意的是，问题的设置一定要有含金量，而不要问些过于低级的问题招致受访人对我们专业性存有质疑。曾有位撰稿人采访企业家，问道："碰上××事，您当时是怎么处理的呢？"答："这个，我的微博上有。""您对××事件，有什么看法呢？""你可以去看下我的博客，上面说的很清楚。"顿时，整个采访气氛便陷入了尴尬。

采访过程要细腻周到，灵活变通

采访的过程要善于变通，懂得根据具体情况作出具体的回应，确保采访效果。

如果是实地采访和视频采访，如前面所提到的，采访人要注重个人仪表问题，在提问过程中还要善于运用肢体语言，比如表情要平和，面带得体的微笑，这样会让人容易倾听和接受；态度要庄重，这样才会引人关注，影响被采访人郑重以待；身体稍微前倾，眼睛注视受访人，做出倾听姿态，以引导受访人积极倾诉等等。如果是音频采访，撰稿人根据受访人的实际需求，与受访人达成意愿，选取双方都合适的时间进行。如果受访人一直太忙没办法抽出固定时间讲述，可以尝试留言给其留言提问，受访人可以在看到留言后，利用碎片化的时间回答。但是这种方式也有个难题就是，不能确保采访的连贯性，对撰稿人的信息捕捉能力有一定的挑战。

在采访中，要把握提问技巧。撰稿人在提问时，要抓住核心问题，开门见山，切中要害。开门见山会让对方觉得你坦率、有效率，切中要害可以使对方觉得你懂行，值得交谈。在提问中，撰稿人还要具备瞬间捕捉关键信息的能力。著名新闻记者艾丰提醒所有的采访者"在采访时别忘了带上眼睛和耳朵"。在与受访人的交谈中，当对方处于一种比较轻松的氛围时，可能会忍不住"多说了"，而这个时候，撰稿人就要注意倾听、捕捉对自己的书稿撰写有帮助的信息，然后形成原来的采访提纲里没有的问题，及时予以反馈，引导对方深说、细说。此外，适度的沉默也是采访提问中的一个重要的技巧，因为我们要撰写的是整本书，要做的相当于"深度报道"，因此提问需要给采访对象留出思考和阐述问题的时间。美国著名的电视节目主持人迈克·华莱士说："我发现，在电视采访中最有趣的做法就是问一个漂亮的问题，等对方回答完毕你再沉默三四秒钟，仿佛你还在期待着他更多的回答。你知道会怎样吗？对方会感到有点窘

促而向你谈出更多的东西。"在采访中还要善于破解疑难之处。有的撰稿人在采访中遇到了一些疑难问题，比如受访人提出了某个公司名、某个陌生的关键名词等等，这些"疑难点"往往是全书的关键所在，也是要向读者说明的重点。对此，撰稿人一定要及时问明白，然后记清楚，如此事后才能很好地表达出来。反之，如果疑难问题一晃而过，待到写稿时，才发现没有弄清楚，不得不再要去补充采访，这就费时费力了。

此外，在采访过程中还要善于做笔记。如果是面对面实地采访，我们要充分用好录音笔。每次去采访的内容都会很丰富，光凭撰稿人自己的脑子是不可能全记得住的，完全笔记又会耽误思考和倾听。使用录音笔的一个好处就是采访对象所说的能反映他思想的关键语言，可以原原本本记录下来，不需要经过自己改造、概括后再写上笔记本。因为人物的语言大都是有生活气息、有个性的，比我们概括的要精彩得多，记下原话还有助于事后对人物谈话内容的分析和判断。同时人物谈话时的姿态、口吻和气氛也要注意观察，必要的也可以记录下来，以备写作时参考。

采访之后要及时整理采访笔记。时间久了，感觉和记忆就会打折扣，有些当场漏记的，及时通过回忆"温故而知新"还可作补充。何况，如果采访成功的话，基本的文章构架就应该出来了。此时撰稿人切勿偷懒，应及时用小标题，把录音中相同的内容按照心中已经拟定的主题，有层次地归纳在一起，而且，这些小标题还要按照一定的逻辑顺序排列。

如此做足了工夫，才能取得良好的采访效果。

第三节："活"得下来的撰稿语言

我们看过很多很多的书，不光图书的种类不同，图书行文的语言风格也是各有千秋。

有的语言明白晓畅，简洁清丽，充满了诗情画意，展现出优美的画面；有的语言通俗易懂，形象生动，字里行间洋溢着作者对崇高人生境界的热烈追求；有的语言凝练含蓄，形象生动，情理和谐，意境深广。

而不同的人，语言风格更是迥异。有人的语言风格如鲁迅，幽默、尖锐、泼辣，是匕首，是投枪；也有人的如钱钟书，幽默、诙谐、戏谑，是带刺的玫瑰，是越咀嚼越有味道的橄榄；有如朱自清者，自然淡雅，用工笔写意蕴；也有如周作人的，平和冲淡，用淡笔写浓情；有如徐志摩的，绚丽浓艳，用诗意写浓情；更有如冰心者，清婉隽永，用婉笔抒写柔情……正是各色各样的语言特色，形成了我国文学的百花争鸣，出现了各种丰富多彩的图书。

人说"言为心声"，语言是人们思维的物质外壳，是叙事说理、表情达意的工具，是袒露人物内心世界的窗户。丰富的思想、真挚的情感，精彩的故事，都要通过语言表达出来。孔子云："言之无文，行而不远。"呆板、空洞、乏味的语言永远不能令文章富含生命力。同时，文章语言的优劣也能直接反映一个人文学素养的高低。有些名作家，语言风格自成一体，以致于人们一提到某文是其所撰，便也明了是何风格。

"巨人之路"的图书，需要的是什么样的语言呢？

"巨人之路"文化项目的业务范围包含了人物传记、项目书、企业管理、个人思想理论、城市名片等等。在笔者看来，面对不同的内容，就要具体问题具体分析，配出最适合的该书内容的语言"调料"。

人物传记和企业管理故事的语言

"人物传记是通过对典型人物的生平、生活、精神等领域进行系统描述、介绍的一种文学作品形式"。从这句话中便可知道，人物传记的语言主要是以记叙为主，通过这种行文方式将人物的故事生动地记载下来。而企业管理故事，既然是故事，自然也是记叙体。

而记叙文具有以下这些特征：

记叙文常见的表达方式是记叙、描写、抒情和议论。记叙，就是记载和叙述人物的经历、活动以及事物发展变化的经过；描写，就是以形象的语言对人物、事件、环境作细致入微的描绘，给人以真切的感受；抒情，就是抒发、表达自己的感情；议论，就是讲述道理，也就是作者通过对事物、事件的评论，来表明自己的观点和态度。在记叙文中，记叙和描写是常见的表达方式，记叙和描写的结合，是记叙文写作的基本要求。记叙是通过一般的述说和交代，把人物或事件及其相互关系变化介绍给读者，使读者对事物的发展和全貌有一个清晰的了解；描写则是在记叙的基础上，用生动形象的语言，将人物、事件、景物存在与变化的具体状态作精细的描绘，造成一种如见其人、如闻其声、如临其境的感觉，使读者受到艺术感染，留下难以忘怀的印象。

由此可以看出，企业管理故事通常用的是平实客观的语言特点，显得比较"中庸"。而人物传记包括自传和他传。他传是由别人为主角所撰写，语言风格讲究平实客观，追求数据具体，同时也会有比较多的评价判断性语言。自传主要以第一人称行文，语言风格相对灵活一些。可以平实准确强化理性，也可以生动抒情侧重感性，更可以采用一系列网言网语增强活泼性，或者采用幽默风趣的行文风格增强文章的可读性。如今，也有一些企业家在写自传的时候充分彰显个性，使用一些"惊为天人"的语言以加强读者的印象。而事实上，在当今社会，人们确实普遍追求趣闻趣事趣言，因而往往个性化的语言更加受到人们的关注和追捧。因此撰稿人在代目标人撰写自传的时候，不妨尝试一下发挥个性，多用一些个性活泼的语言来进行撰写。

项目介绍和个人思想理论的语言风格

关于项目介绍和个人思想理论类，则通常采用说明文文体。通过把项目的创建、形成、发展、性质、成因、功用等，思想理论的形成、发展、作用、影响等解说得明明白白，让人们知道得清清楚楚。一般地，说明文要求运用的语言风格是准确、简明、平实、生动、浅显、通俗、科学。为了增强图书内容的可读性，以及实现对项目和个人思想理论的宣传推广，"巨人之路"在对项目和思想理论的撰稿上要求，应该在准确的前提下，争取灵活多样。不仅仅采用平实的语言直截了当地说明对象，还可以多结合生动的语言，用较形象的手法来说明事物，使被说明的事物具有生动性和形象性，易于引起读者的兴趣。能使语言达到生动效果的方法有：1. 使用比喻和拟人的修辞方法，使被说明的事物形象性加强；2. 现身说法，利用生活感受，可使文章在准确性的基础上更添真实性和生活情趣，易于让人接受；3. 适当运用叙述和描写，可使被说明事物栩栩如生，而不是枯燥无味。如此使行文平实和生动兼备，增强图书的吸引力。

第四节：在时间方面做个德国人

"他们遵守时间的精准程度，就像他们是钟表上的指针一样。"这是国际对德国人在时间方面的评价。而德国人的时间观念，确实让人们看到这不仅仅是一个会制造钟表的国度，还是一个非常会驾驭时间的时间主人。

作为"巨人之路"的撰稿人，由于撰稿任务重、时间又比较紧迫，因此，如何把时间用到极致、最大程度地发挥时间的效能，是我们的必修功课。而德国人如今是世界公认的驾驭时间的典范，我们不妨向他们看齐，学习学习。

像德国人一样珍惜时间

与我们中国人不同，德国人最讲究、最丰盛的不是午餐、晚餐，而是早餐。他们的早餐相当丰富，有主食、肉类、蔬菜、饮料、水果等，不仅品种丰富，且色香味俱佳。但哪怕是面对这么丰富的早餐，他们也会在短短的10分钟内把这些丰盛的食品搭配完毕并吃完，原因只是为了节省时间。

德国的午餐一般多在单位餐厅或快餐馆就餐，是名副其实的快餐，如一个由土豆、沙拉生菜和几块肉组成的拼盘，外加一杯饮料。在有家庭主妇和未成年孩子的家庭，午餐也较简单，如一块熟肉、肉饼配煮菜和面包，或炖牛肉配米饭和生菜，再简单的就像中国的打卤面一样，用肉汁拌意大利面条，饭后喝一杯咖啡或吃一个冰淇淋。而午餐之所以如此简化，并非是德国人要省钱，而是他们需要节省出时间去做更多有意义的事情。他们在时间上就像紧绷着的弦，时刻提醒自己要珍惜、珍惜，哪怕是浪费一分钟都充满了罪恶感。

时间对于撰稿人来说相当于金子般的珍贵。就拿笔者来说，在赶写稿件的过程中，把"一寸光阴一寸金，寸金难买寸光阴"奉为信条，常常感觉时间不够用，充满了时间压迫感，甚至在码字过程中，起来喝杯水、上个洗手间都觉得是在浪费时间。

撰稿的时间本来就比较急迫，在这种"高压"下，如果还不珍惜时间、节省时间，偶尔这个朋友约去喝个早茶、那个闺蜜说好一起逛街，那么按时完成任务几乎是天方夜谭。因此，在接下任务后，就要不惜对身边的人"狠一点"，对自己"狠一点"，对于时间是能省则省，尽量把精力都花在任务上，而不要放松自己过多地去做与撰稿无关的事情。

像德国人一样善于计划时间

德国人特别善于做计划，更是能把时间精确计划到分钟（如7：15），而不是我们习惯的整数时间。在中德的外交史上有一个故事流传颇广：

1994年7月，我国一位高级领导人访问德国。德国计划按照相应的接待规格举行隆重的欢迎招待宴会。但围绕着宴会时间的长短这样一个简单的问题，中德双方的外交代表却讨论了很长时间。

由于中国领导人活动安排的需要，访问前，中国驻德使馆代表奉命向德国外交部提出，希望这个欢迎晚宴的时间最好不要超过90分钟。但德方却提出，90分钟的时间显然不够。于是中方代表说，时间上总是可以压缩一下吧。没想到，德方官员却非常认真地开列出了一张时间清单，从领导人步入宴会大厅直到宴会结束离开，将每一个细节所需要的时间都列在了上面，时间甚至精确到了秒。

德方官员非常认真地解释，中国领导人进入宴会厅，首先要同在场的重要人物一一握手，每个人握手的时间平均三秒钟，这些手一路握下来，再加上寒暄的时间，等走到餐桌前最后落座，宴会正式开始，这就需要10分钟。然后开始上菜。根据礼宾惯例，这种规格的招待会要有前菜、汤、主菜、饭后甜食，最后还要有咖啡，而且，每一道菜的间隔时间都有一定规矩，总不能一股脑地全上吧。此外，还要再加上宾、主双方致辞各需要7分30秒。最后，德方外交部的那位官员无可奈何地告诉中方代表："我已经算得很紧了，最少也需要108分钟。"

面对着这张清单，我方使馆官员真有点哭笑不得，就说："那我就向国内报告，说晚宴大约需要一个半小时吧。"没想到，德方的那名官员马上又制止说："那可不行，你不能向你们国内说一个半小时，因为我们做不到。你就如实说需要108分钟好了。"结果，那位领导人来访时，欢迎宴会还真的就是在108分钟左右时结束的。

德国人习惯于按计划行事，几乎人人都有一册记事本在手，上面详

细的记载着要做的事的时间安排,这种安排有的甚至达二三个月之久。而他们之所以能够无比准确地在限定时间内完成计划,也是基于他们在做之前充分考虑了可能出现的哪些变动和哪些不确定因素,并制定了相应的应对措施,所以他们对于某个过程所要花的时间段做了充分的规划,于是对整体时间的规划便能很有把握了,这也是他们工作高效率的另一重要原因。

"巨人之路"撰稿人撰写一本20万字的书一般只有30-40天的时间,为了在这个时间内高效有序地完成任务,就应该学习德国人在时间分配、计划上的智慧,想想自己在30-40天的固定时间内,一天要写几节内容,每节要写多少字。在这个过程中，如果遇到突然感冒生病了、朋友突击来访等等会耽误时间的事情，时间是否还够用？在充分考虑各种可能会发生的影响因素下，列出一张合理的撰写时间清单，这样就能避免出现前期拖拖散散，后期搞突击的这种影响身体又不确保书稿质量的情况了。

像德国人一样守时

守时守信是德国人的一种习惯、一种文化，在他们看来，"守时就是帝王的礼貌"。因此与人相约，他们绝对不会"迟到"，哪怕是一分钟都不行。笔者有位朋友讲了这么一个故事：

我在德国时，一天，家里的自来水管出了问题，于是我和修理工约定下午5点30分来修。下午门铃响了，一个工人满头大汗、气喘吁吁地站在门外。当时我不知道发生了什么？那位工人充满歉意地解释："路上堵车，为了赶时间，我特意提前一站下车，然后飞奔过来。"工人看看表说："但还是很对不起！我还是晚到了3分钟。请您原谅，这次的水管修理我免费服务，以补偿我的过错。"所以德国人在与别人约定了时间后，都会充分考虑堵车等不可测因素，因为"迟到是在犯错"的认识在他们脑中深深扎根了。

因为"巨人之路"与目标企业签订合约的时候商定了时间，为确保能履行好承诺在规定时间内保质保量完成出版，撰稿人在与"巨人之路"签订撰稿协议书的时候，也在协议书里明确写明了一稿、二稿、三稿的撰稿时间分别是从哪天到哪天完成并提交书稿，若是超过限定时间，则每天扣取1%的稿酬。所以，撰稿人若不想承担经济损失，就应该准时守时完成任务。此外，撇开辰麦通太的硬性规定限制，守时是个好习惯，建立这种准时意识对撰稿人的人生也是大有裨益的。

所以在时间方面，不妨做个德国人吧。